ÉTUDES

© ISTOCK

EMPLOI

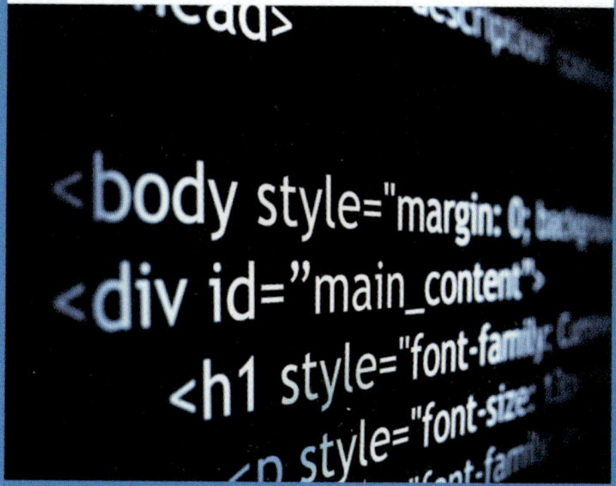

© 710/ ISTOCK

GUIDE PRATIQUE

MODE D'EMPLOI

Pour mieux se repérer entre les différentes parties de ce « Parcours ».

MÉTIERS

Un métier, c'est :
- *un pro qui raconte ;*
- *les rubriques :*
  - *Quel salaire ?*
  - *Ça recrute ?*
  - *Quels débuts ?*
  - *Quelle évolution ?*
- *les formations qui mènent à ce métier.*

MÉTIERS INFORMATION ET CONTENU

JOURNALISTE WEB

« On doit aller à l'essentiel, savoir travailler dans l'urgence et être réactif. »

Émilie Cailleau, journaliste Web chez Topsanté.com

Conséquences du manque de sommeil chez les bébés, relation entre prise de poids et risques cardiaques... autant de sujets traités par Émilie. Journaliste web chez Topsanté.com depuis 3 ans, la jeune femme est chargée des rubriques beauté, forme et bien-être. *« On mène souvent différentes activités en parallèle : traitement de plusieurs articles, fil Twitter, interviews... On peut avoir l'impression d'être débordé, mais c'est excitant ! »*

Faire vivre l'info. Jour après jour, Émilie réfléchit à des thèmes qu'elle soumet ensuite à son rédacteur en chef avant de les traiter. *« Ils peuvent prendre la forme de reportages, d'interviews de spécialistes dans un domaine donné (dermatologie, chirurgie plastique, psychologie...). Parallèlement, je rédige des actus santé. »* Les réseaux sociaux lui sont un allié précieux. *« Twitter me permet d'assurer une plus grande visibilité de mes articles, et me sert à repérer les sujets qui "buzzent" ou des angles originaux, traités par exemple dans la presse étrangère. »*

Un style épuré. Si les techniques d'enquête et de recueil d'information sont les mêmes que pour la presse papier, quelques principes de base, propres à l'écriture pour le Web, sont à respecter. *« Le style est plus épuré et plus concis que pour le papier. Le journaliste web doit aller à l'essentiel, sans être avare de mots-clés susceptibles d'être recherchés par l'internaute. »*

Une pincée de technique. Écrire pour le Web nécessite également des compétences techniques, l'utilisation d'un outil de publication des articles (back-office) étant indispensable. *« Il faut être à l'aise avec ces outils, se tenir informé de ce qui se passe sur le Net, savoir travailler dans l'urgence et être réactif. »*

40 Les métiers du Web I 2015

15 PROS SE RACONTENT MÉTIERS

€ Quel salaire ?

Selon la dernière étude de l'Observatoire des métiers de la presse (2013), le salaire mensuel moyen d'un journaliste en CDI est de 3 800 € brut par mois contre 2 260 € pour un journaliste pigiste.

Ça recrute ?

Il est rare, de nos jours, qu'un média n'ait pas de site Internet associé, et ses journalistes attitrés. Néanmoins, si le Web, après une explosion à la fin des années 2000, a créé quelques postes, les CDI sont peu nombreux et les débouchés restent mineurs.

Quels débuts ?

Les journalistes web débutent souvent comme pigistes, c'est-à-dire rémunérés à l'article. Un exercice qui se prolonge parfois 2, 3, 4 ans, voire plus.

Quelles études ?

Après le bac en 2 ou 3 ans

En 2 ans après le bac, le DUT information-communication option journalisme est le minimum requis pour se former au métier. Celui-ci peut être complété en 1 an par une licence professionnelle qui permet parfois de se spécialiser (journalisme, techniques journalistiques pour les nouveaux médias...). Certaines écoles de journalisme privées proposent également des cursus en 3 ans.

Après le bac en 5 ans

À ce niveau, plusieurs formations sont possibles. Passer par l'une des écoles reconnues par la profession, très sélectives, fait souvent figure de voie royale. Certaines proposent des spécialisations dans le Web. Cependant, la majorité des candidats est titulaire d'un master journalisme à l'université ou d'un diplôme d'IEP.

Retrouvez les études pp. 75, 77, 88.

Les métiers du Web I 2015 41

MÉTIERS

DICO DES MÉTIERS

DÉVELOPPEMENT ET RÉSEAUX

CHEF/FE DE PROJET WEB TECHNIQUE ★★

Pendant quelques mois ou plusieurs années, ce chef de projet supervise la partie technique de la création d'un site ou d'une application web. Cela passe par l'élaboration des caractéristiques techniques du futur site, l'évaluation du temps nécessaire à sa réalisation et la constitution d'une équipe. Tableaux de bord à l'appui, il suit ensuite l'avancée du projet, en veillant au budget et au temps impartis. Ses qualités humaines lui permettent de mobiliser les équipes.

Formation : Diplôme d'ingénieur ; master ; école d'Internet ou d'informatique.

DATA SCIENTIST ★★

Le *big data* ? Un volume toujours plus important de données sous des formes différentes (chiffres, textes ou images). Entre la statistique, l'informatique et la maîtrise des enjeux économiques et sociaux, cet expert identifie ces masses de variables issues du Web ou de l'activité de l'entreprise, puis les analyse via des modélisations mathématiques. Ses résultats peuvent jouer un rôle clé dans les prises de décision de l'entreprise.

Formation : Peu de diplômes dédiés. Diplôme d'ingénieur ; master en statistiques ; doctorat en sciences dures.

DÉVELOPPEUR/EUSE ★

Son quotidien : les programmes informatiques. Chargé de la réalisation technique d'applications mobiles, de sites web..., le développeur travaille à partir d'un cahier des charges établi, le plus souvent, par le chef de projet. Grâce à ses connaissances en maths et en informatique, il traduit les attentes du client en code. Des lignes de codage qui se transforment en images ou en fonctionnalités. Java/JEE, Ruby, Python : les langages utilisés sont différents selon les supports.

Formation : BTS ou DUT en informatique ; licence pro en développement ; diplôme d'ingénieur ; master ; école d'Internet ou d'informatique.

INGÉNIEUR/E RÉSEAUX ★★

Pour garantir des réseaux performants, cet ingénieur commence par analyser les besoins des métiers représentés dans son organisation : facilité de connexion pour des salariés nomades, puissance de calcul pour des chercheurs... Ce qui lui permet de choisir les équipements (matériels, logiciels) et de prévoir leur mise en réseau (connexion des postes de travail, gestion des terminaux mobiles). Taux de pannes, satisfaction des utilisateurs... sont des indicateurs qui lui permettent ensuite de mesurer la qualité du service rendu, et de l'optimiser.

Formation : Diplôme d'ingénieur ou master en informatique spécialisation réseaux.

DICO MÉTIERS

INTÉGRATEUR/TRICE ★

Sans lui, une navigation lente, des bogues, des liens incorrects. Dans la création d'un site Internet, l'intégrateur est l'intermédiaire entre les graphistes et les développeurs. Il traduit les maquettes fournies par l'équipe artistique en langage informatique compréhensible par un navigateur web. Composition du squelette des pages, ajout des animations... il faut ensuite vérifier que le site s'affiche correctement sur tout type de supports (ordinateurs, mobiles, tablettes).

Formation : BTS ou DUT en informatique ; licence pro en informatique et Web, création numérique ; école d'Internet ; master en infographie numérique.

RESPONSABLE SÉCURITÉ ★★

Son obsession ? Éviter le vol de données et les intrusions [...] logiciels et [...] informatique. Sa parade [...] n, mais aussi une [...] de sécuri[...] permane[...] sur Internet pour c[...] les risqu[...]e cyberattaque. Cet [...] sait vu[...] pour êt[...]er le sujet de la séc[...] non infor[...]pris de ses collèg[...] les mesure[...] responsabili[...]ens et faire a[...] qu'après 5 à 10 a[...] comme consultant sécurité.

Formation : Diplôme d'ingénieur ou master en sécurité.

★ = Accessible directement après ses études
★★ Accessible avec de l'expérience

54 Les métiers du Web I 2015 — Les métiers du Web I 2015 55

De A à Z, tous les métiers du secteur en fiches.

Retrouvez tous les mots soulignés expliqués dans le lexique.

ÉTUDES

Filière par filière, retour sur l'essentiel à savoir.

En complément, nos réponses à vos questions les plus fréquentes et des fiches diplômes.

EMPLOI

En un clin d'œil, le panorama des entreprises et de ce qu'il faut retenir de l'emploi dans ce secteur.

GUIDE PRATIQUE

- *Le carnet d'adresses avec la liste de toutes les formations ;*
- *lexique ;*
- *index.*

LE SECTEUR EN BREF

En tant que grand réseau informatique mondial, le Web est le fer de lance de la révolution numérique en cours. Il permet de partager des infos toujours plus nombreuses et variées.

Côté métiers

Pour être acteur du Web, il faut une bonne dose de technique, un regard créatif, des contenus adaptés et un projet commercial solide.

Tout va très vite : pour rester dans la course *high-tech*, ces spécialistes doivent sans cesse mettre à jour leurs connaissances.

Le travail d'équipe est au cœur de tout projet : chacun doit connaître le métier de l'autre pour mieux communiquer. Polyvalence incontournable.

Tous les sites web doivent être conçus pour s'adapter à l'évolution des supports et des usages (tablettes, smartphones, objets connectés...).

Les comportements et attentes des internautes évoluent en permanence. Aux pros du Web d'être à l'écoute.

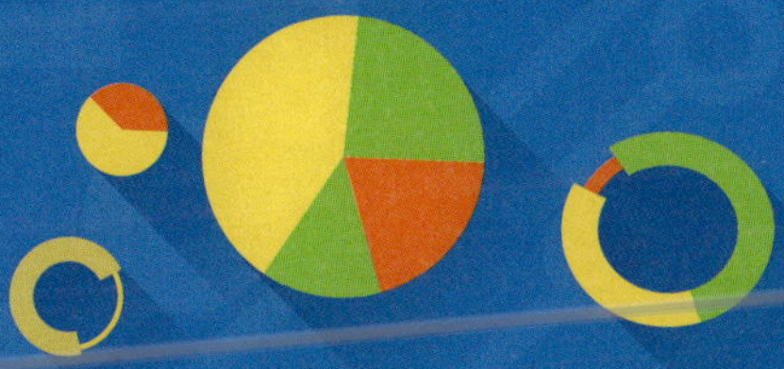

Quelques spécialités émergent aujourd'hui (big data, UX design, e-réputation...), et de nouveaux métiers verront encore le jour.

Côté études

- Des filières de formation très variées.
- De nombreux profils de bacheliers admis.
- Les niveaux bac + 3 et bac + 5 dominent.
- L'apprentissage constitue un choix judicieux.
- Les projets personnels sont essentiels.

Côté emploi

- Des pros attendus dans de nombreux secteurs.
- Les jeunes diplômés ont une carte à jouer.
- Plus d'opportunités côté technique et webmarketing.
- Les doubles compétences sont prisées.
- Quelques créations de postes sur de nouveaux métiers.

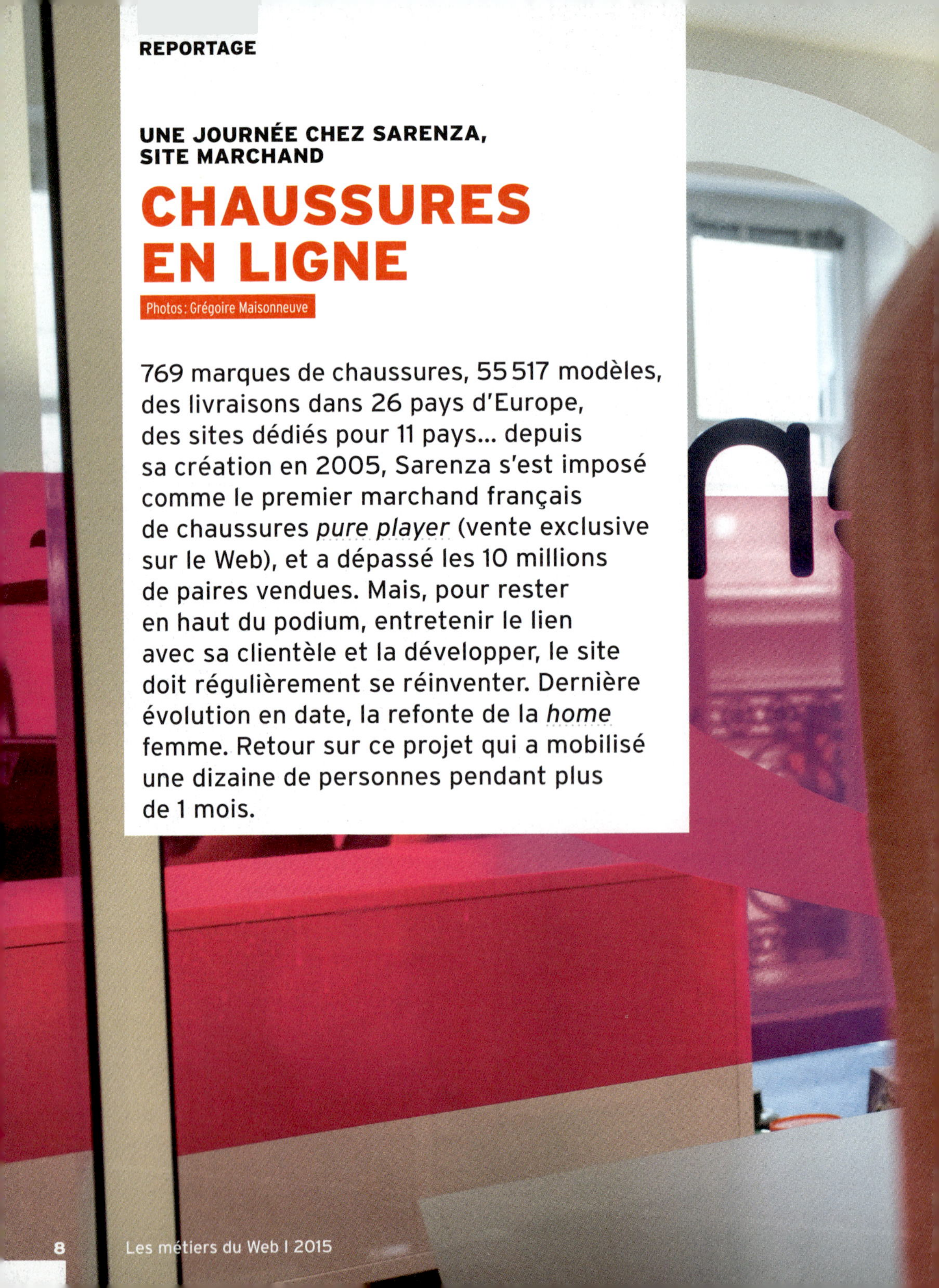

UNE JOURNÉE CHEZ SARENZA, SITE MARCHAND

CHAUSSURES EN LIGNE

Photos : Grégoire Maisonneuve

769 marques de chaussures, 55 517 modèles, des livraisons dans 26 pays d'Europe, des sites dédiés pour 11 pays... depuis sa création en 2005, Sarenza s'est imposé comme le premier marchand français de chaussures *pure player* (vente exclusive sur le Web), et a dépassé les 10 millions de paires vendues. Mais, pour rester en haut du podium, entretenir le lien avec sa clientèle et la développer, le site doit régulièrement se réinventer. Dernière évolution en date, la refonte de la *home* femme. Retour sur ce projet qui a mobilisé une dizaine de personnes pendant plus de 1 mois.

La sélect
rouge pa
Style sportif et main
baskets Wmns Nike
Absolument divines.
JE SHOPPE

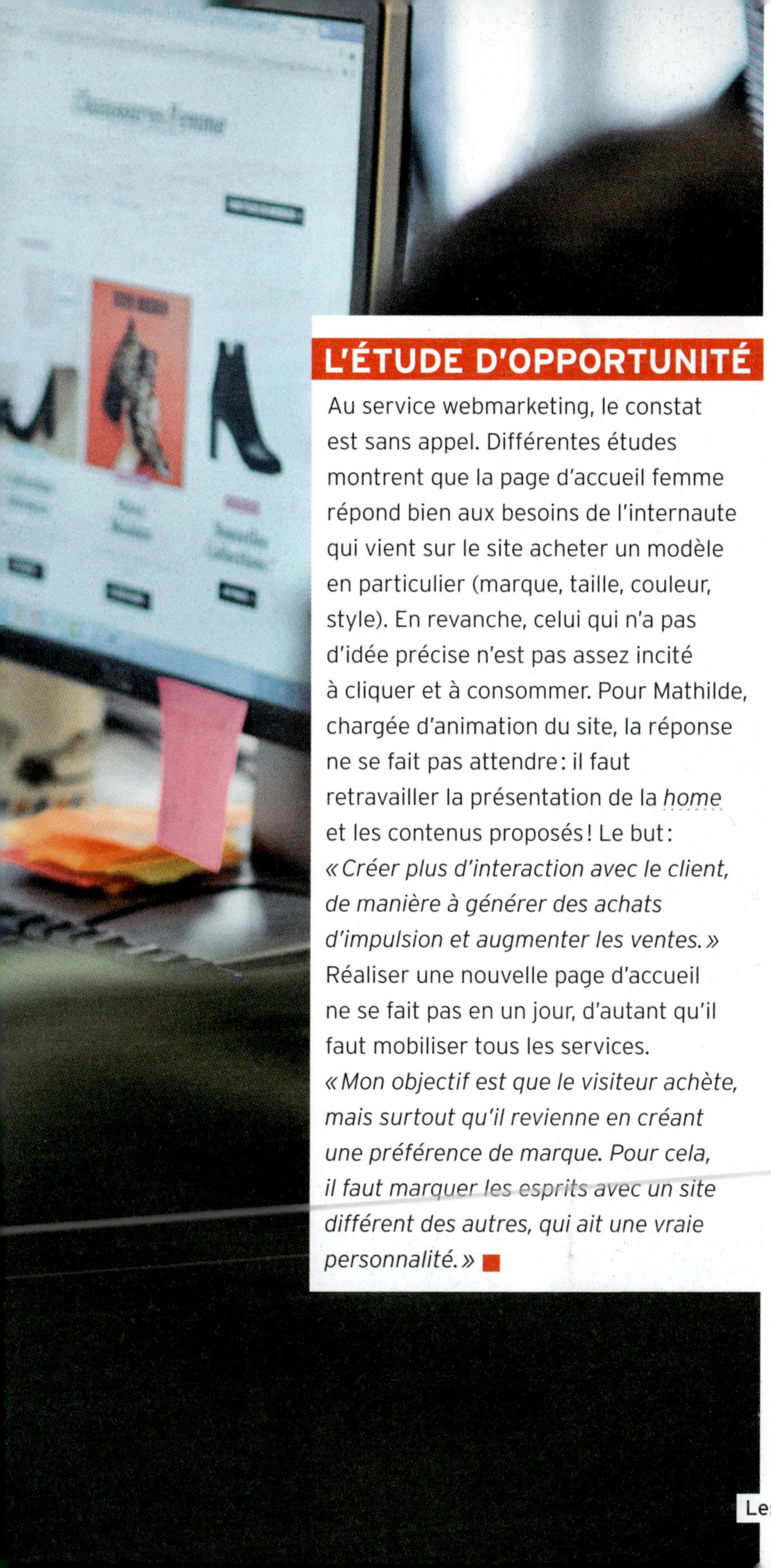

L'ÉTUDE D'OPPORTUNITÉ

Au service webmarketing, le constat est sans appel. Différentes études montrent que la page d'accueil femme répond bien aux besoins de l'internaute qui vient sur le site acheter un modèle en particulier (marque, taille, couleur, style). En revanche, celui qui n'a pas d'idée précise n'est pas assez incité à cliquer et à consommer. Pour Mathilde, chargée d'animation du site, la réponse ne se fait pas attendre : il faut retravailler la présentation de la *home* et les contenus proposés ! Le but : *« Créer plus d'interaction avec le client, de manière à générer des achats d'impulsion et augmenter les ventes. »* Réaliser une nouvelle page d'accueil ne se fait pas en un jour, d'autant qu'il faut mobiliser tous les services. *« Mon objectif est que le visiteur achète, mais surtout qu'il revienne en créant une préférence de marque. Pour cela, il faut marquer les esprits avec un site différent des autres, qui ait une vraie personnalité. »* ■

LA CONCEPTION

La phase de conception démarre sous l'impulsion de David, UX designer. *« Mon travail consiste d'abord à comprendre les besoins de nos clients et les problèmes qu'ils rencontrent, et à trouver des solutions. »* Après quelques *storyboards* sur papier destinés à tester certaines hypothèses, le créatif élabore ensuite un *wireframe* qui permet de définir les règles de navigation, les interactions et l'organisation de l'information dans la page. La finalité est double : satisfaire les attentes des internautes tout en répondant aux objectifs stratégiques de l'entreprise.

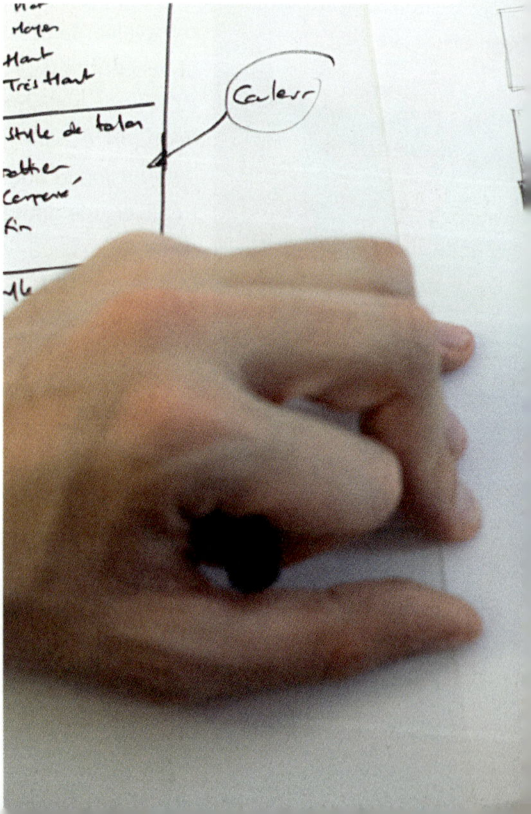

David identifie ensuite les contenus qui seront insérés dans le prototype, en collaboration avec Nardjisse, responsable éditoriale. *« Si l'image doit être attractive, la façon dont on s'adresse au client a, elle aussi, son importance. Le ton employé et le vocabulaire utilisé doivent lui donner envie de cliquer. »*

Une fois définie l'organisation des différentes informations (un espace « nouveautés », un autre « tendances du moment »...), c'est au tour d'Anne-Estelle, directrice artistique web, de prendre le relais pour donner la dernière touche à la page. Son habillage final passe par le choix d'une typologie des contenus (les promotions en rouge, le jaune pour des ventes privées, etc.) et par un mixage étudié des formats des visuels. Bien que créatif, ce travail doit s'appuyer sur la « charte graphique » de Sarenza, et chaque choix doit être argumenté.

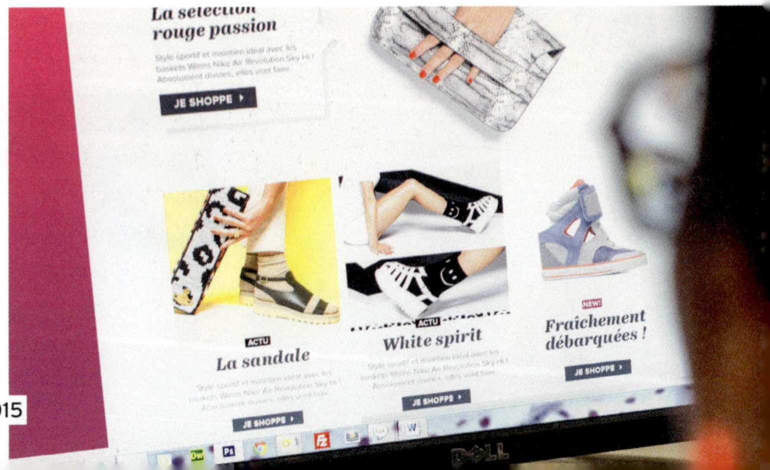

LA RÉALISATION

Tout au long de la phase de conception de la page d'accueil, Julien, chef de projet web technique, indique si les fonctionnalités envisagées sont techniquement réalisables ou non. La maquette de la page terminée, il supervise son développement, puis initie la phase de recette : *« Chaque intervenant, du marketing au webdesign, fait ses propres tests afin de s'assurer que toutes les fonctionnalités attendues par chacun sont bien installées et qu'il n'y a pas de bogues. »* C'est également l'occasion d'effectuer quelques dernières corrections...

Avant de mettre définitivement en ligne la nouvelle page, son efficacité est testée sur une partie des internautes. C'est la phase de l'A/B Test. Matthieu, data analyst, étudie divers indicateurs sur la page (les taux de clics, les zones cliquées, les achats effectués) et les compare à ceux de l'ancienne version.

LA MISE EN LIGNE

La nouvelle *home* est enfin accessible à tous. Il faut maintenant générer des visites et des commandes. Liens sponsorisés, bannières publicitaires, partenariats... sont autant d'outils mis en place par Cyril, traffic manager, pour y parvenir. Avec son équipe de rédactrices et en collaboration avec le webmarketing, Nardjisse met régulièrement à jour les contenus de la page. Avec toujours le même objectif : donner envie à l'internaute de revenir sur le site !

MÉTIERS

LES MÉTIERS EN 4 FAMILLES

De multiples professionnels travaillent autour des projets web. Nous les avons regroupés en quatre grandes familles de compétences proches. Définitions.

DÉVELOPPEMENT ET RÉSEAUX

Leur cœur de métier ? L'informatique, c'est-à-dire le versant technique d'Internet : le code, les réseaux, les bases de données... Informaticiens, « geeks » passionnés, ils élaborent l'architecture des sites, gèrent le développement des applications, puis assurent leur bon fonctionnement. Multiplication des données, évolution permanente des technologies, lutte contre les intrusions malveillantes... les défis ne manquent pas.

- **Chef/fe de projet web technique**
- **Data scientist**
- **Développeur/euse**
- **Ingénieur/e réseaux**
- **Intégrateur/trice**
- **Responsable sécurité**

DESIGN ET CRÉATION

Entre graphisme et informatique, ces professionnels s'impliquent dans la conception visuelle d'un produit sur Internet. Dans certaines entreprises, une seule personne porte toutes les casquettes ; ailleurs, les créatifs peuvent être très spécialisés. À eux d'imaginer une interface qui suit les codes de la charte graphique et tout ce qui fait un site en sachant doser audace et simplicité pour fidéliser l'internaute.

- **Directeur/trice artistique web**
- **Graphiste web**
- **UX designer**
- **Webdesigner**

Pas de frontières hermétiques entre tous ces métiers du Web.

Filles et garçons peuvent exercer tous ces métiers.

INFORMATION ET CONTENU

Côté pile, il y a les éditeurs de contenus informatifs, c'est-à-dire ceux qui alimentent les pages des sites Internet. Dans leur besace, de nouvelles formes de narration et des données de plus en plus variées. Côté face, différents experts sont à l'écoute du Web, pour analyser les informations qui y circulent : ils traquent les messages indélicats sur les forums, recherchent des données utiles pour leur entreprise, etc.

- **Chef/fe de projet e-formation**
- **Data journaliste**
- **Journaliste web**
- **Modérateur/trice**
- **Responsable éditorial/e web**
- **Veilleur/euse stratégique**
- **Webmaster**

COMMUNICATION ET MARKETING

Faire du buzz, fidéliser les internautes, doper les ventes en ligne, orchestrer les publicités... c'est leur mission. Ces profils, dont certains émergents tout juste, cherchent à optimiser la fréquentation du site, valoriser sa présence sur la Toile et faire marcher le tiroir-caisse. Ces métiers sont en première ligne dans la course à la visibilité sur le Net, véritable nerf de la guerre pour les entreprises.

- **Chef/fe de projet webmarketing**
- **Community manager**
- **Consultant/e e-réputation**
- **Consultant/e web analytique**
- **Référenceur/euse SEO**
- **Responsable de l'affiliation**
- **Responsable e-commerce**
- **Responsable e-CRM**
- **Traffic manager**
- **Webplanneur/euse**

© SHUTTER_M/ISTOCK

CHEF DE PROJET WEB TECHNIQUE

© ALL-IN-WEB

Nicolas Moriss,
chef de projet web technique chez all-in-web

« Le relationnel avec le client est aussi important que la technique. »

Les clients de l'agence all-in-web sont variés, des fédérations dont les projets web dépassent les 100 000 € aux associations avec 2 000 € de budget. Leurs demandes aussi : création d'un site Internet ou d'une boutique en ligne, hébergement ou dépannage du site... Dans tous les cas, Nicolas assure l'interface entre le client et son équipe.

Des solutions adaptées. Dès les premiers échanges, *« le relationnel est aussi important que la technique. Il est essentiel pour cerner l'activité et les besoins de l'entreprise afin de pouvoir lui proposer des solutions adaptées, tant techniques que graphiques. »* Une fois le site en ligne, Nicolas continue de conseiller et d'assister ses clients.

Immersion dans l'équipe. Avec jusqu'à 15 projets en même temps, *« les coups de colliers sont inévitables »*, confie Nicolas, qui fixe les priorités et le planning de son équipe. *« Cela implique d'être organisé et d'utiliser les outils d'e-CRM qui nous informent en temps réel de l'avancée des projets et des éventuels blocages, pour les résoudre et prévenir rapidement le client en cas de retard. »* Afin de faciliter la communication, ce chef de projet partage son espace de travail avec deux développeurs et trois graphistes-intégrateurs.

Les mains dans l'opérationnel. Particularité d'une agence à taille humaine : Nicolas est une force de travail comme les autres dans l'équipe. *« Je suis capable d'intervenir de A à Z dans la création d'un site : design, intégration, développement... »* Ce qui n'est pas pour déplaire à ce développeur de formation, entré dans l'agence alors qu'il effectuait sa dernière année de master en apprentissage. *« C'est aussi un bon moyen de rester connecté aux nouvelles technologies ! »*

Quel salaire ?

Étant donné l'expérience et l'expertise technique requises, les salaires des chefs de projet techniques sont parmi les plus importants dans le secteur du Web : en moyenne 4 400 € brut par mois, selon l'enquête Hays 2014.

Ça recrute ?

« On a besoin de chefs de projet dans chaque secteur où Internet est présent, c'est-à-dire quasiment tous ! » explique Nicolas. Ceux-ci travaillent aussi bien dans la banque-assurance, l'énergie, la santé, l'aéronautique. De quoi assurer de nombreuses embauches.

Quels débuts ?

Les informaticiens accèdent aux fonctions de chef de projet après plusieurs années d'expérience. Ils doivent en effet être capables de s'adapter à différents contextes et métiers, ayant chacun leurs problématiques. Ces compétences s'acquièrent en réalisant de nombreux projets, notamment comme développeur.

Quelles études ?

Après le bac en 5 ans

La fonction de chef de projet web technique requiert une formation de niveau bac + 5 et une expérience professionnelle dans le développement de projets web de 3 à 5 ans au minimum.

Différentes formations sont possibles : master à l'université en génie informatique ; diplôme d'ingénieur avec une spécialité dans le numérique ; diplôme d'écoles d'Internet ou d'informatique proposant des formations à la gestion de projets web.

Retrouvez les études pp. 77, 80, 84.

DÉVELOPPEUR

© DR

Sébastien Lablanchy,
développeur d'applications web et mobiles chez Overscan

« Créer quelque chose à partir de rien. »

Développeur depuis 2 ans dans une société de services d'une vingtaine de personnes, Overscan, Sébastien a déjà à son actif plusieurs sites « vitrines » d'entreprise et des applications dans le domaine des accessoires moto. *« La dernière est un système de précommande qui permet au client d'être sûr, avant de se déplacer, que son article est en magasin. »*

À l'origine : le code. Ce qui plaît à Sébastien au fil des projets, c'est avant tout de *« créer quelque chose à partir de rien »*. En effet, le développeur remplit un écran noir de lignes de code – en langage Java pour les applications sur Android ; en langage Objective C pour celles sur iPhone et iPad – qui, petit à petit, vont se transformer en images et fonctionnalités. *« Il faut être passionné, sinon on ne tient pas »*, précise le jeune homme qui passe la plupart de son temps devant un écran.

Chacun son application. L'entreprise de Sébastien compte six développeurs. Chacun intervient sur une application ou une partie précise de celle-ci, en relation avec le chef de projet et, le cas échéant, le webdesigner ou le producteur de contenus. Mais, comme le secteur est très concurrentiel et les délais souvent serrés, il arrive qu'il fasse équipe avec un collègue pour avancer plus vite. *« Nous sommes mobilisés à deux pendant 6 mois sur un projet. Pendant les temps morts, de validation client par exemple, on peut travailler à des modifications ou des améliorations sur une application déjà en ligne. »*

Un profil gagnant. Sur le CV de Sébastien : une licence professionnelle développement d'applications mobiles en alternance après un DUT informatique. *« J'ai été embauché dans les 2 semaines qui ont suivi ma sortie d'études, aussitôt après le premier entretien. »*

Quel salaire ?

« Embauché à 1300 € net par mois, je gagne aujourd'hui 1600 € », confie Sébastien. Conforme à ce qui est offert aux débutants bac + 2/3 en régions, ce salaire peut être plus élevé à Paris. À bac + 5, les développeurs démarrent au moins à 2000 € net par mois.

Ça recrute ?

Les développeurs rompus aux nouveaux langages font partie des profils techniques les plus recherchés. Les entreprises du secteur organisent des concours (hackathons) pour repérer de talentueux codeurs, et les autodidactes passionnés ont aussi leurs chances.

Quelle évolution ?

« Après 2 ans, je suis une formation pour devenir chef de projet et donc encadrer l'équipe de développeurs », explique Sébastien. L'évolution étant en partie conditionnée par le diplôme d'origine, les ingénieurs évoluent plus rapidement vers d'autres fonctions.

Quelles études ?

Après le bac en 2 ou 3 ans

Plusieurs diplômes à bac + 2 sont possibles, et appréciés dans un contexte de plein recrutement : BTS services informatiques aux organisations (SIO) option solutions logicielles et applications métiers ; BTS systèmes numériques (SN) option informatique et réseaux ; DUT informatique ; DUT réseaux et télécommunications (R & T).

Une poursuite d'études de 1 an en licence professionnelle (bac + 3) peut favoriser les évolutions futures.

Les formules en alternance sont très indiquées dans ce secteur.

Après le bac en 5 ans

Pour briguer davantage de responsabilités, un bac + 5 est requis : diplôme d'ingénieur ; master à l'université.

À noter

Les écoles d'informatique ou d'Internet proposent aussi des titres aux différents niveaux.

Les autodidactes passionnés peuvent encore, dans une certaine mesure, s'insérer sur la base de travaux déjà effectués.

Retrouvez les études pp. 70, 73, 77, 80, 84.

INGÉNIEUR RÉSEAUX

© DR

Grégory Le Bras,
ingénieur réseaux
chez Steria

« Pour travailler dans les réseaux, un esprit très logique est nécessaire. »

« L'administration réseaux, c'est la gestion des incidents qui affectent nos réseaux et ceux de nos clients », explique Grégory. Au sein de sa société de services, il intervient pour la branche chargée des *data centers* – ces salles souterraines dans lesquelles des milliers de serveurs abritent les systèmes informatiques de banques, de compagnies d'assurances, de sites d'e-commerce, d'administrations...

Un détective du réseau. Les utilisateurs n'arrivent pas à se connecter au site Internet de leur entreprise ? Aussitôt alerté, Grégory envisage différentes hypothèses et contacte l'opérateur de télécommunications pour s'assurer qu'il n'y a pas de problème sur la ligne. Un incident d'interconnexion entre les serveurs ? Il fait vérifier le câblage. Un cas de cyberattaque ? Il bloque les connexions entrantes. *« Pour travailler dans les réseaux, il faut un esprit très matheux et logique. »*

Jour et nuit. Grégory traite en moyenne cinq à six alertes par jour. *« Comme pour les pompiers, il n'y a pas deux jours de travail identiques ! »* D'astreinte 1 semaine par mois, ce manager doit alors être joignable 24 heures sur 24. *« Au niveau de priorité le plus élevé, j'ai 30 minutes pour résoudre l'incident. Au-delà, ma société verse des pénalités au client. C'est stimulant, il faut être vif dans sa façon de réfléchir. »*

Au long cours. Grégory s'occupe aussi de projets sur la durée. Il a ainsi géré l'installation de la téléphonie par Internet pour Steria Monde, soit 15 000 personnes au total. Il assiste les architectes réseaux pour l'installation de nouveaux clients. *« Ce versant technique impose une remise à niveau constante de mes connaissances, car les technologies changent tous les 3 à 5 ans. »*

Quel salaire ?

« J'ai été embauché à 2 600 € brut par mois. En fin de carrière, les experts réseaux peuvent dépasser 4 000 €. » Les salaires varient selon le niveau de diplôme et l'expérience, mais aussi selon la taille de l'entreprise et sa localisation.

Ça recrute ?

La mobilité, le *cloud computing*... les réseaux sont au cœur de nombreuses innovations numériques. *« La demande des entreprises en spécialistes est forte,* confirme Grégory. *On manque même de candidats, car le métier est mal connu et peu de formations y préparent. »*

Quels débuts ?

« J'ai été embauché chez Steria dans la foulée de mon stage de fin d'études de master. On recrute beaucoup de bac + 5 dès leur sortie de formation. » Comme Grégory, les ingénieurs réseaux débutent souvent dans les entreprises de services du numérique (ESN).

Quelles études ?

Après le bac en 2 ou 3 ans

Plusieurs diplômes à bac + 2 peuvent servir de porte d'entrée à un niveau administrateur (technicien) : les DUT réseaux et télécommunications (R & T), DUT métiers du multimédia et de l'Internet (MMI), DUT informatique...

Surtout lorsqu'ils sont complétés par l'une des nombreuses licences professionnelles en administration réseaux (bac + 3), préparées en 1 an, souvent en alternance.

Après le bac en 5 ans

Pour intervenir en tant qu'ingénieur sur des réseaux plus importants et dans des secteurs hautement technologiques, il faut viser un bac + 5 : master informatique ou électronique avec une spécialité réseaux à l'université ; diplôme d'ingénieur, notamment avec une spécialisation réseaux (Télécom Bretagne, Enssat, Sup Galilée, Esir, INP Toulouse-Enseeiht, etc.).

À noter

Les écoles d'informatique ou d'Internet proposent également des titres de niveau bac + 2 à bac + 5 avec une orientation réseaux.

Retrouvez les études pp. 73, 77, 80, 84.

INTÉGRATRICE

© DR

Marie Guillaumet, intégratrice chez Clever Age

« À la fois designer, développeuse et graphiste, je suis un couteau suisse du Web. »

Le cœur de métier de Marie, intégratrice dans une agence digitale : la technique. *« Je passe 90 % de mon temps à écrire du code pour construire le squelette de la page web, à partir des maquettes graphiques conçues par les webdesigners. »*

À la croisée des chemins. *« C'est de l'artisanat,* explique la jeune femme. *Pour qu'un bouton s'affiche de manière identique quel que soit le navigateur, il y a beaucoup d'astuces à connaître. Ensuite, j'ajoute la décoration, c'est-à-dire les feuilles de style. Puis je passe la main aux développeurs qui, eux, effectuent la programmation, les animations et les interactions de la page. »* Intervenant sur le *front-office*, la partie du site visible par l'internaute, Marie interagit avec les ergonomes, les designers, les développeurs, les chefs de projet et les clients.

Intégration présidentielle ! *« En agence, le rythme est très soutenu. On change de projet presque tous les mois. »* Marie a notamment « intégré » le site officiel de l'Élysée. Sécurité oblige, elle a travaillé 3 mois directement chez le client. Elle a créé une dizaine de pages : *home* (page d'accueil), chronologie des événements du président, archives… *« J'ai aussi adapté l'interface du site pour tablettes et mobiles. »*

Une autodidacte passionnée. Pour Marie, tout a commencé à 17 ans, en terminale littéraire, quand elle a développé son propre site culturel : *« La preuve qu'on n'est pas obligé d'être matheux pour devenir intégrateur. »* Ensuite, à Sciences Po Grenoble, elle a réalisé les sites web de groupes de musique. Elle a alors décidé de préparer un diplôme universitaire orienté Web. Aujourd'hui, après ses longues journées à l'agence, Marie alimente son blog, effectue sa veille sur les réseaux sociaux et aide des amis à créer leur site.

Quel salaire ?

Un intégrateur débutant touche entre 1600 et 2200 € brut par mois, selon *01 Informatique*. La progression dépend de l'expérience et de la renommée. Donne-t-on des conférences ? Est-on reconnu par ses pairs ? Savoir « se vendre » est important.

Ça recrute ?

« Le métier recrute... dans certaines régions ! » prévient Marie. Les emplois sont surtout à Paris et dans quelques régions qui concentrent agences web et grandes entreprises d'Internet.

Quels débuts ?

À condition de maîtriser certains langages de programmation, le poste est accessible aux jeunes diplômés. *« Avoir un portfolio web et des références rassure les recruteurs sur les capacités techniques, surtout pour les profils atypiques comme le mien »*, explique Marie. Il faut souvent prévoir des tests techniques à l'embauche. *« Après quelques expériences en agence, beaucoup d'intégrateurs s'installent en free-lance. »*

Quelles études ?

Ce métier mobilisant différentes compétences, les profils techniques ne sont pas les seuls recherchés.

Après le bac en 2 ou 3 ans

Un bac + 2 suffit pour se lancer : BTS services informatiques aux organisations (SIO) option solutions logicielles et applications métiers ; DUT informatique ; DUT métiers du multimédia et de l'Internet (MMI). Les écoles d'Internet proposent également des formations à ce niveau.

Pour favoriser les évolutions, il est possible de poursuivre 1 an en licence professionnelle (bac + 3) : design numérique, concepteur-intégrateur web et multimédia...

Après le bac en 5 ans

Certains poussent jusqu'à un bac + 5, en master à l'université ou dans les écoles d'Internet (cursus en infographie multimédia, communication numérique, conception et intégration multimédia...).

À noter

Les autodidactes passionnés peuvent trouver du travail sur la base de travaux déjà effectués.

Retrouvez les études pp. 70, 73, 77, 84.

RESPONSABLE SÉCURITÉ

© DR

Yves Jussot,

responsable de la sécurité des systèmes d'information chez ING Direct, France

« Je dois toujours avoir un temps d'avance sur les hackers. »

Intrusion dans le système central de gestion ou piratage de comptes clients, les menaces de cyberattaques sont quotidiennes et forcément stressantes pour Yves, responsable de la sécurité des systèmes d'information de la banque en ligne ING Direct, France. *« D'autant plus que je suis d'un naturel anxieux,* reconnaît-il. *Aussi je m'efforce de recueillir un maximum d'informations pour toujours avoir une longueur d'avance sur les hackers. »*

Toujours aux aguets. Dès qu'il arrive à son bureau le matin, cet expert consulte les alertes diffusées par les cellules de veille spécialisées, visite les sites des éditeurs de logiciels et les blogs de hackers. Il échange aussi avec ses homologues des autres banques. Yves s'appuie sur une équipe composée d'un adjoint et de quatre consultants chargés des tests et du paramétrage des solutions de sécurisation.

Expert et pédagogue. *« En tant que responsable, je passe moins de temps à m'occuper de technique,* indique-t-il. *Cependant, je rentre toujours dans les systèmes pour bien saisir ce dont me parlent mes collègues ou les prestataires. »* La sécurité informatique passe aussi par la responsabilisation de tous les collaborateurs de l'entreprise. Aussi Yves et son équipe conçoivent des campagnes de sensibilisation et de formation. *« Je dois adapter mon discours pour être compris aussi bien par des informaticiens que par des débutants. »*

Prime à l'expérience. Après un diplôme d'ingénieur de l'Université de technologie de Troyes (UTT), Yves a fait ses armes chez BNP Paribas en tant que consultant sécurité. *« Au bout de 4 ans, j'ai été recruté comme responsable sécurité par ING Direct. J'ai eu de la chance, car ce type de poste requiert d'ordinaire une dizaine d'années d'expérience. »*

Quel salaire ?

Compte tenu de la pénurie de profils expérimentés, les salaires pour un responsable sécurité grimpent très vite (60 000 € brut par an, soit plus d'une fois et demie le salaire d'un ingénieur en début de carrière).

Ça recrute ?

« Je n'ai pas eu de mal à trouver un emploi, car la sécurité informatique est une fonction qui a le vent en poupe et les formations dédiées demeurent rares », explique Yves. Le nombre de postes de responsables sécurité reste néanmoins limité, car on les trouve uniquement dans les grandes entreprises et les administrations.

Quels débuts ?

On commence comme consultant, affecté à des tâches techniques (tests et paramétrage de logiciels de sécurité), puis on devient adjoint avant d'évoluer vers un poste de responsable sécurité, souvent après plusieurs années d'expérience.

Quelles études ?

Après le bac en 5 ans

Le poste exigeant des connaissances techniques pointues, mais aussi une approche globale de l'organisation de l'information dans l'entreprise, les recruteurs apprécient les profils ingénieurs qui ont reçu une solide formation généraliste.

Cap donc sur un bac + 5 : master à l'université ; diplôme d'ingénieur orienté vers la cybersécurité (notamment Télécom SudParis, Epita Paris, UTT Troyes et Ensibs Bretagne-Sud).

À noter

Il existe quelques mastères spécialisés en sécurité informatique, en 1 an, accessibles après un master ou un diplôme d'ingénieur. Cette formation supplémentaire peut faciliter l'embauche, surtout si le diplôme bac + 5 d'origine n'est pas orienté vers le secteur informatique.

Retrouvez les études pp. 77, 80.

GRAPHISTE WEB

© DR

Aline Kesting,
graphiste web
chez DigitasLBI

« Ce n'est pas que du dessin : c'est aussi du travail. »

À 26 ans, Aline est déjà graphiste « senior ». Cette Franco-Allemande, aujourd'hui installée à Paris, s'est formée au design et à la communication visuelle à l'école Duperré, puis à l'école Estienne. Elle a ensuite intégré les Gobelins, en alternance, et s'est spécialisée en création numérique. Forte de ce CV, elle est alors entrée chez DigitasLBI, une agence de 350 personnes.

Créateur d'image. Son rôle : aider les entreprises à se forger une image. Celles-ci veulent lancer un site ou une campagne de pub ? *« Au service marketing de voir la stratégie et nous, à la création, on s'occupe des visuels, en lien avec la technique. Il faut être au service du client, accepter les critiques et être précis. Ce n'est pas que du dessin, ce n'est pas un loisir : c'est du travail. »*

Proposer un habillage. Par exemple, Armani Beauty souhaite enrichir ses pages avec des vidéos. Le directeur de création et le directeur artistique tracent les grandes lignes visuelles du projet, en accord avec la marque. Puis Aline habille la page structurée par l'UX designer, à l'aide de sa tablette graphique. Elle commence par s'imprégner de leur « esprit ». *« J'aime le graphisme minimaliste des marques de luxe. »* Elle choisit avec soin les photos, dessine les icônes et la structure graphique de la page… *« Je reviens parfois à mon carnet de croquis. Le papier fait prendre du recul. »*

Toujours à l'affût. Sur le plateau, l'ambiance est détendue. En contrepartie, sur des gros dossiers, il faut parfois rester très tard. *« Ce sont les projets les plus intéressants. Il faut adorer imaginer des choses. »* Lorsque Aline va au cinéma, à une exposition ou à un spectacle, elle est à l'affût d'idées. *« Toute notre vie influence notre travail, ça devient automatique. »*

€ Quel salaire ?

Les salaires varient selon la taille de l'agence. Par ailleurs, les postes à Paris sont mieux rémunérés (2 300 à 2 500 € brut par mois à Paris et 2 200 € ailleurs).

Ça recrute ?

Les besoins des entreprises pour ces compétences sont importants. Et décrocher un diplôme d'une grande école d'art est l'assurance de trouver facilement des débouchés intéressants.

Quelle évolution ?

Dans les grosses agences, le métier de graphiste est destiné aux jeunes diplômés. *« Avec l'expérience, certains deviennent graphistes seniors puis directeurs artistiques et enfin directeurs de création »*, explique Aline.

Quelles études ?

Après le bac en 2 ou 3 ans

À ce niveau-là, les jeunes diplômés s'insèrent plutôt sur des postes d'assistant. Le BTS design graphique et le DMA arts graphiques se préparent en 2 ans après le bac. Ils peuvent être complétés par 1 année supplémentaire en licence professionnelle. À bac + 3, les écoles d'Internet proposent aussi des bachelors.

Après le bac en 4 ou 5 ans

Pour obtenir un poste de concepteur, il faut viser un niveau bac + 5, en école de graphisme publique ou privée (DSAA design mention graphisme, DNSEP design ou communication) ou dans quelques rares masters à l'université.

Retrouvez les études pp. 70, 77, 84, 86.

DMA, DNSEP, DSAA ? Retrouvez les définitions dans le lexique p. 139.

UX DESIGNER

© DR

Jules Leclerc,
UX designer et ergonome chez Usabilis

« Être à l'écoute du client et de l'utilisateur est indispensable. »

« Le design, ce n'est pas de la déco. En anglais, ce mot veut dire conception ; je fais donc en sorte de rendre les sites Internet pratiques à utiliser et pas seulement jolis », explique Jules, salarié d'une société de conseil en ergonomie informatique. Lorsqu'une entreprise identifie un problème de navigation sur son site Internet, c'est à lui qu'elle a recours.

État des lieux. Impossible de trouver la page pour adhérer à une mutuelle ? Jules va poser son diagnostic. Il en discute d'abord avec le chef de produit de la mutuelle qui fait appel à ses services. Il cherche ensuite à cerner le secteur et à évaluer la concurrence. Puis il rencontre des utilisateurs du site pour comprendre leur façon d'utiliser le site et leurs besoins. *« Je dois être à l'écoute du client et de l'utilisateur. »*

Place aux idées. Jules examine alors quelles solutions peuvent être mises en place pour améliorer la navigation. *« Puis je passe à la maquette des interfaces. C'est-à-dire que je compose les pages : que faut-il mettre en haut de l'écran ? Où positionner les boutons ? Comment passer d'une page à l'autre ? »* À cette étape, l'UX designer évolue en lien avec les pros de la technique pour s'assurer que ses idées sont réalisables, ou en discute avec l'un de ses homologues.

Le moment de vérité. Après la finalisation par les graphistes, il est temps de mettre le « nouveau produit » entre les mains des utilisateurs. *« C'est ce que je préfère. C'est le moment où je vois si les hypothèses et les solutions que j'ai envisagées sont les bonnes et si les internautes comprennent et aiment utiliser ce que l'on a conçu. »* Jules travaille sur environ huit projets par an, parfois en parallèle puisqu'une mission peut durer entre 10 jours et 6 mois.

Quel salaire ?

Un jeune débutant gagne, en moyenne, 2 850 € brut par mois. Après quelques années, son salaire tournera plutôt autour de 3 700 €, selon l'étude 2013 de l'association Designers interactifs.

Ça recrute ?

« Il y a une prise de conscience des besoins sur ces problématiques d'ergonomie, assure Jules. *Les agences de communication et les marques elles-mêmes recherchent ces profils. Les* free-lance *aussi sont sollicités. »* Si ces pros intéressent les entreprises, le métier est encore en émergence.

Quels débuts ?

Avant son poste actuel, Jules est passé par une *start-up* d'objets connectés, une agence de communication et enfin il a été *free-lance* en audit ergonomique et en réalisation graphique des interfaces. Aujourd'hui, les profils sont plus spécialisés et les jeunes touchent à moins de postes différents.

Quelles études ?

Après le bac en 2 ou 3 ans

Premier niveau d'entrée, même s'il est minoritaire, avec un BTS design graphique ou communication en 2 ans après le bac, de préférence complété par 1 an de licence professionnelle (bac + 3) dans ces spécialités.

Après le bac en 4 ou 5 ans

Dans le design interactif, 52 % des pros ont un bac + 4 ou un bac + 5 selon l'étude 2013 de l'association Designers interactifs.

Beaucoup ont suivi des cursus en écoles de graphisme ou d'Internet. D'autres diplômes peuvent être pertinents, comme ceux des écoles d'informatique.

Il existe quelques formations spécifiques en ergonomie et en design interactif, notamment aux Gobelins, à l'école de design Nantes-Atlantique, et des masters à Paris 8 et à Paris 13.

Retrouvez les études pp. 70, 77, 84, 86.

WEBDESIGNER

© DR

Maud Rubeaud,
webdesigner en *free-lance* (Hypaepa)

« Je suis libre de créer une ambiance. »

Un site qui permet d'organiser des conférences virtuelles, une nouvelle charte graphique déclinée pour l'ensemble des chambres de commerce et d'industrie de France... webdesigner en *free-lance* depuis 8 ans, Maud a déjà de nombreuses conceptions de sites Internet à son actif. Ses principaux clients ? Des *start-up* et des collectivités locales.

De l'ébauche à la maquette. Avant de rédiger le cahier des charges technique et graphique, Maud rencontre le client et cerne ses attentes. Ensuite, place aux idées ! La structure du site apparaît grâce au *zoning*, une ébauche en noir et blanc qui donne un aperçu de la présentation des informations. C'est à l'étape suivante que Maud finalise la maquette des pages. Le plaisir en tant que *free-lance* ? *« Même si j'ai parfois certaines consignes, comme une palette de couleurs dans laquelle piocher, je suis libre de créer une ambiance : sérieuse, décalée... »*

Au service du projet. *« Un webdesigner n'est pas un artiste. Il doit concilier des exigences graphiques, de la créativité, avec un objectif souvent commercial. On ne fait pas du beau pour du beau ! »* À Maud de savoir comment son design va être intégré pour faire des choix techniquement réalisables. Sans perdre de vue la façon dont l'œil de l'internaute va chercher l'information.

Du graphisme au Web. Pour devenir webdesigner, Maud a suivi une formation au design et au graphisme à l'école Brassart à Nantes. *« J'y ai appris les bases de la typographie, l'harmonie des couleurs, la façon de délivrer un message pour un client. »* Restaient à apprendre les compétences techniques indispensables au Web, comme l'intégration. Maud les a acquises sur le terrain, une fois son premier contrat signé.

Quel salaire ?

Des écarts de revenus importants sont à prévoir en fonction des années d'expérience et du statut. *« Aujourd'hui en free-lance, je gagne trois fois plus qu'à mes débuts en agence (1200 € net par mois), mais je travaille soir et week-end. »*

Ça recrute ?

À l'heure du « tout-Internet », de nombreuses entreprises, agences ou collectivités ont besoin de webdesigners pour présenter l'information et faire passer un message dans un « écrin » graphique.

Quels débuts ?

« J'ai appris les bases du métier dans une petite agence de création de sites, en Vendée. 3 ans après, je me suis lancée en free-lance. » Le parcours de Maud est classique et ressemble à celui de nombreux graphistes.

Quelles études ?

Après le bac en 2 ou 3 ans

Le premier niveau de diplôme est le BTS design graphique en 2 ans après le bac, en privilégiant l'option communication et médias numériques.

Pour un meilleur accès à l'emploi et un niveau de responsabilité accru, il est conseillé de poursuivre 1 an en licence professionnelle ou en DNA design graphique.

Après le bac en 4 ou 5 ans

Pour être concepteur, il faut viser un niveau bac + 5, en se formant soit à l'université (master pro en design d'interface multimédia ou création numérique, par exemple), soit dans l'une des écoles de graphisme publiques ou privées (DSAA design mention graphisme, DNSEP design ou communication...). Certaines proposent des spécialisations en webdesign.

Retrouvez les études pp. 70, 77, 86.

DNA, DNSEP, DSAA ? Retrouvez les définitions dans le lexique p. 139.

DATA JOURNALISTE

© DR

Karen Bastien,
data journaliste chez Wedodata

« Il faut donner vie aux chiffres et les mettre en scène. »

Ordinateurs, tablettes, smartphones... la datavisualisation est de plus en plus présente sur les écrans. Le principe : *« Recueillir de l'information chiffrée et la mettre en forme pour l'expliciter à ses lecteurs. »* Une spécialisation à laquelle Karen s'est convertie il y a 3 ans en créant l'agence Wedodata. Ses clients ? Des collectivités, des médias (France Télévisions, Radio France), des entreprises.

La chasse aux données. Expliquer une fusion-acquisition, aider à comprendre le chômage avec une animation de 57 secondes... à Karen de collecter, classer et analyser des milliers de pages chiffrées. *« Ces chiffres sont extraits de bases* open data*, de rapports officiels ou recueillis auprès d'experts. Croiser et vérifier ces différentes sources sont ensuite les deux piliers de notre travail... comme pour tout journaliste »*, précise-t-elle.

Leur mise en forme. Une fois cette étape franchie, *« il faut donner vie aux chiffres et les mettre en scène »*. Un véritable travail d'équipe s'organise alors avec un infographiste et un développeur. Ensemble, ils déterminent le traitement le plus adapté du sujet, le rythme de l'image, le choix des titres, les couleurs... *« Le défi consiste à trouver le dosage équilibré pour que l'information soit intelligente mais qu'elle soit aussi esthétiquement belle... »*

Fan de chiffres. Aux compétences inhérentes au métier de journaliste (curiosité, ouverture d'esprit, analyse, synthèse...) vient s'y adjoindre l'amour des chiffres. *« On passe une grande partie de notre temps à les manipuler et à les interpréter... Ce qui exige une grande rigueur. »* Avant de créer son agence, Karen avait fait ses gammes en traitant des sujets économiques pour *Libération* puis *Terra Eco*.

Quel salaire ?

Le data journalisme présente les mêmes niveaux de salaire que le journalisme classique. Des disparités existent selon le statut du journaliste (salarié ou pigiste) et le média qui l'emploie.

Ça recrute ?

De plus en plus présente dans les rédactions, la datavisualisation a de beaux jours devant elle. Selon Karen, *« les médias créent actuellement des services spécifiques sur la visualisation de données mixant des data journalistes, des graphistes et des développeurs »*.

Quels débuts ?

L'accès à la spécialisation data se fait généralement après quelques années d'expérience dans le journalisme, souvent en tant que pigiste (payé à l'article). Certains organismes de formation proposent des formations de quelques jours pour s'y préparer.

Quelles études ?

Il n'existe pas de formation dédiée. Il faut d'abord se former au journalisme avant d'acquérir des compétences spécifiques, le plus souvent sur le terrain.

Après le bac en 2 ou 3 ans

Premier niveau d'entrée avec le DUT information-communication option journalisme, en 2 ans après le bac. Celui-ci peut être complété en 1 an par une licence professionnelle qui permet parfois de se spécialiser (journalisme, techniques journalistiques pour les nouveaux médias...). Certaines écoles de journalisme privées proposent également des cursus en 3 ans.

Après le bac en 5 ans

Passer par l'une des écoles reconnues par la profession, très sélectives, fait souvent figure de voie royale. Mais la majorité des candidats a un master journalisme à l'université ou un diplôme d'IEP, avec diverses spécialisations.

À noter

Certaines formations sont plus en pointe sur cette dimension data, comme à l'IEP de Grenoble ou à l'Ijba.

Retrouvez les études pp. 73, 77, 88.

JOURNALISTE WEB

© DR

Émilie Cailleau,
journaliste Web
chez Topsanté.com

« On doit aller à l'essentiel, savoir travailler dans l'urgence et être réactif. »

Conséquences du manque de sommeil chez les bébés, relation entre prise de poids et risques cardiaques... autant de sujets traités par Émilie. Journaliste web chez Topsanté.com depuis 3 ans, la jeune femme est chargée des rubriques beauté, forme et bien-être. *« On mène souvent différentes activités en parallèle : traitement de plusieurs articles, fil Twitter, interviews... On peut avoir l'impression d'être débordé, mais c'est excitant ! »*

Faire vivre l'info. Jour après jour, Émilie réfléchit à des thèmes qu'elle soumet ensuite à son rédacteur en chef avant de les traiter. *« Ils peuvent prendre la forme de reportages, d'interviews de spécialistes dans un domaine donné (dermatologie, chirurgie plastique, psychologie...). Parallèlement, je rédige des actus santé. »* Les réseaux sociaux lui sont un allié précieux. *« Twitter me permet d'assurer une plus grande visibilité de mes articles, et me sert à repérer les sujets qui "buzzent" ou des angles originaux, traités par exemple dans la presse étrangère. »*

Un style épuré. Si les techniques d'enquête et de recueil d'information sont les mêmes que pour la presse papier, quelques principes de base, propres à l'écriture pour le Web, sont à respecter. *« Le style est plus épuré et plus concis que pour le papier. Le journaliste web doit aller à l'essentiel, sans être avare de mots-clés susceptibles d'être recherchés par l'internaute. »*

Une pincée de technique. Écrire pour le Web nécessite également des compétences techniques, l'utilisation d'un outil de publication des articles (*back-office*) étant indispensable. *« Il faut être à l'aise avec ces outils, se tenir informé de ce qui se passe sur le Net, savoir travailler dans l'urgence et être réactif. »*

Quel salaire ?

Selon la dernière étude de l'Observatoire des métiers de la presse (2013), le salaire mensuel moyen d'un journaliste en CDI est de 3 800 € brut par mois contre 2 260 € pour un journaliste pigiste.

Ça recrute ?

Il est rare, de nos jours, qu'un média n'ait pas de site Internet associé, et ses journalistes attitrés. Néanmoins, si le Web, après une explosion à la fin des années 2000, a créé quelques postes, les CDI sont peu nombreux et les débouchés restent mineurs.

Quels débuts ?

Les journalistes web débutent souvent comme pigistes, c'est-à-dire rémunérés à l'article. Un exercice qui se prolonge parfois 2, 3, 4 ans, voire plus.

Quelles études ?

Après le bac en 2 ou 3 ans

En 2 ans après le bac, le DUT information-communication option journalisme est le minimum requis pour se former au métier. Celui-ci peut être complété en 1 an par une licence professionnelle qui permet parfois de se spécialiser (journalisme, techniques journalistiques pour les nouveaux médias...). Certaines écoles de journalisme privées proposent également des cursus en 3 ans.

Après le bac en 5 ans

À ce niveau, plusieurs formations sont possibles. Passer par l'une des écoles reconnues par la profession, très sélectives, fait souvent figure de voie royale. Certaines proposent des spécialisations dans le Web. Cependant, la majorité des candidats est titulaire d'un master journalisme à l'université ou d'un diplôme d'IEP.

Retrouvez les études pp. 73, 77, 88.

RESPONSABLE ÉDITORIAL WEB

© DR

Johan Hufnagel,
directeur délégué
de *Libération*

« La révolution technologique a changé le journalisme. »

Pour Johan, le Web était une évidence. *« J'ai toujours été intéressé par les innovations qui apportent de nouvelles façons de lire. Quand Internet est arrivé, on s'est rendu compte qu'il allait créer de nouveaux usages. »*

Éditions web et print. Passé par la presse papier, Johan s'est rapidement dirigé vers le site de *Libération* dont il a pris la tête. Un rôle qu'il a ensuite tenu à 20mn.fr, puis à Slate.fr, l'un des principaux sites d'information *pure player*, dont il est l'un des cofondateurs. À 45 ans, il est revenu à *Libération*, à la direction des versions papier et web. Un poste hybride qui marque le poids du Web, désormais, dans la presse française.

Au carrefour de tout. *« Je suis le garant de la ligne éditoriale. En contact avec les journalistes, je passe commande des articles à venir et relis ceux qui sont terminés. Je les mets parfois en ligne car c'est important de garder les mains dans le cambouis. Mais je m'occupe aussi des photos, de la vidéo... »* Johan dialogue également avec la régie publicitaire et, surtout, avec les développeurs pour s'informer des nouveaux outils. *« Mais sans me disperser dans toutes les innovations qui apparaissent chaque jour. »* Et tout en restant à l'écoute d'Internet pour adapter le contenu aux réactions des internautes, qui s'expriment *via* les commentaires, et analyser le trafic généré par Facebook ou Twitter. *« On fait partie de l'écosystème Internet »*, sourit Johan.

Dur de déconnecter... *« En vacances, j'y arrive. Le week-end, un peu moins »*, explique-t-il. D'autant que les journaux en ligne n'ont jamais de bouclage... et la concurrence y est plus féroce car le nombre d'acteurs est plus important qu'en kiosque. Il faut donc rester réactif tout en gardant du recul... un challenge permanent !

Quel salaire ?

De 2200 € à 3200 € net par mois selon le *Journal du Net*. Mais cela varie bien sûr énormément selon les postes.

Ça recrute ?

Beaucoup de candidats, peu d'élus. La presse n'est pas un secteur qui offre de larges débouchés. « *Le Web recrute davantage que la presse papier. Mais ça reste assez bouché* », nuance Johan.

Quels débuts ?

On commence comme journaliste web. Comme partout dans la presse, les débuts sont précaires, avec des CDD courts, des piges... Le poste de responsable éditorial web est réservé aux journalistes aguerris, le plus souvent passés par une fonction de chef de rubrique.

Quelles études ?

Après le bac en 5 ans

Plusieurs voies de formation sont possibles. Passer par l'une des écoles à bac + 5 reconnues par la profession, très sélectives, fait souvent figure de voie royale. Certaines proposent des spécialisations dans le Web. Mais la majorité des candidats suit un master en journalisme, lettres ou communication à l'université, un diplôme d'IEP ou un cursus long en école d'Internet.

À noter

Pour les sites plus éloignés de la presse traditionnelle, les candidats peuvent être spécialistes de leur secteur (sciences, mode, médecine) ou venir du marketing.

Retrouvez les études pp. 77, 84, 88.

CHEFFE DE PROJET WEBMARKETING

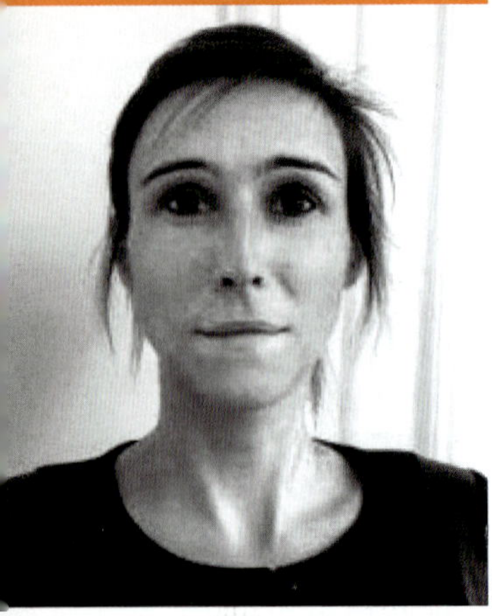

© DR

Astrid Jobard,
cheffe de projet
webmarketing
chez Equinoa

« L'un des intérêts du Web : tout se mesure instantanément. »

Depuis 5 ans chez Equinoa, une agence web généraliste, Astrid jongle entre les projets, principalement en marketing digital (augmentation du trafic sur des sites déjà en ligne). *« J'aime la variété de mes activités et des secteurs que j'aborde, puisque mes clients n'ont souvent rien à voir les uns avec les autres. »*

Augmenter la visibilité. Dernièrement, pour une marque de pulls en cachemire, elle devait développer la vente en ligne. *« Pour y arriver, nous avons pensé une stratégie digitale en cohérence avec les actions marketing* offline. *Nous avons imaginé une action pour la Fête des mères : le deuxième pull à moitié prix. Opération relayée par une bannière publicitaire créée avec les infographistes et publiée sur plusieurs sites. Une* newsletter *a aussi été envoyée aux clientes abonnées. »* Autres leviers incontournables : les référencements naturel et payant, qui permettent de remonter dans les résultats des moteurs de recherche. *« L'enjeu était d'être présent deux fois sur la page,* explique Astrid. *Nous avons généré du contenu sur le cachemire et fait en sorte que des médias influents, comme les magazines, parlent de nous. »* Sans oublier l'achat de mots-clés à Google pour apparaître dans la colonne de droite.

Résultats immédiats. C'est l'un des intérêts du Web pour Astrid. Tout se mesure instantanément, grâce aux logiciels de *tracking* qui comptabilisent le moindre clic. *« On ne navigue jamais à vue, on peut à tout moment rectifier le tir ou au contraire avoir la satisfaction des résultats. »*

Se tenir à jour. En contrepartie, le Web est exigeant. *« Si on ne met pas à jour ses connaissances, on ne sert à rien,* résume Astrid. *Quand j'ai débuté, certaines technologies n'existaient pas, comme le fait de personnaliser les messages publicitaires en fonction des pages consultées sur Internet. »*

Quel salaire ?

Selon Astrid, autour de 2000 € brut par mois pour un débutant, 3500 € après quelques années d'expérience. De manière générale, la progression est plus rapide en agence que chez un annonceur.

Ça recrute ?

Une bonne visibilité sur le Net étant devenue indispensable, les entreprises ont besoin de spécialistes capables de l'améliorer et les recrutements sont au rendez-vous. *« Le Web prend de plus en plus de place chez mes clients, notamment en termes de moyens »*, constate Astrid.

Quels débuts ?

Il est plus facile de démarrer en agence, où il y a un fort *turn-over*. *« On peut développer son expérience sur des sujets techniques, pour ensuite prétendre à des postes chez un annonceur »*, explique Astrid.

Quelles études ?

Après le bac en 5 ans

Difficile d'accéder à ce poste sans un bac + 5. Il faut posséder des clés d'analyse à la fois en marketing, en sociologie ou en stratégie commerciale. Le métier exige aussi de savoir manier les chiffres et les statistiques, d'avoir des capacités rédactionnelles et de pouvoir suivre les innovations techniques.

Les grandes écoles de commerce sont depuis longtemps adaptées à cette culture. Les spécialités en webmarketing proposées par la plupart des écoles ouvrent la porte des agences.

Des masters en webmarketing et stratégie digitale existent également à l'université.

Retrouvez les études pp. 77, 82.

COMMUNITY MANAGER

© DR

Émeline Tavernier,
community manager
chez Isobar

« On ne poste pas n'importe quoi, il y a une vraie responsabilité. »

Facebook, Twitter… les réseaux sociaux n'ont plus de secrets pour Émeline. À sa sortie de son école de communication, cette passionnée du Web a d'abord travaillé pour Virgin Radio, avant d'être recrutée par Isobar, une agence de création digitale. *« Je m'occupe des comptes Facebook de trois marques de L'Oréal. »* Ses objectifs ? Assurer la présence de ces marques sur les réseaux, accroître leur notoriété, veiller à leur e-réputation et montrer leurs produits.

Connaître sa cible… et la loi. Au quotidien, Émeline anime les pages, met en ligne des contenus, échange avec les internautes… *« Pour chaque marque, je dois avoir une stratégie et être force de proposition. »* Pour elle, ce métier ne s'improvise pas. *« Même si tout le monde peut poster sur les réseaux sociaux, le community manager doit bien connaître ses cibles, ce qui leur plaît, leurs habitudes sur le Web… mais aussi les réglementations. On ne poste pas n'importe quoi, il y a une vraie responsabilité. »*

S'organiser. Le travail en agence exige une grande organisation. *« Il faut planifier et valider les calendriers éditoriaux, suivre les productions et les créations avec les chefs de projet, assurer un* reporting *mensuel, participer aux appels d'offres… »* Pour l'un de ses comptes, Émeline crée les visuels avec Photoshop (logiciel de retouche photo). *« Un apport créatif que j'adore ! »*

Toujours ON. *« Je ne suis jamais vraiment débranchée,* avoue Émeline. *Il faut assurer une veille permanente sur le Web, s'informer sur les nouveautés, car Internet évolue très vite. »* En plus d'une grande disponibilité (et d'une orthographe irréprochable), elle doit avoir une bonne résistance au stress. *« Il y a beaucoup de pression, les enjeux sont importants. Je dois faire des rapports chiffrés sur mon activité, car mes clients paient une prestation. »*

Quel salaire ?

Selon une enquête du site RégionsJob de 2014, le salaire median d'un community manager s'élève à 2 240 € brut par mois.

Ça recrute ?

« Je n'ai pas eu de mal à trouver du travail, constate Émeline. *Le métier recrute, car les entreprises ont compris l'importance des réseaux sociaux. En revanche, il y a beaucoup de stages et de CDD dans ce secteur. »*

Quels débuts ?

« Aujourd'hui, on peut commencer directement comme community manager après la formation, précise Émeline. *Mais les entreprises demandent souvent 1 an d'expérience au minimum sur le poste. »* Ne pas hésiter donc à faire des stages ou des missions pendant ses études pour accumuler de l'expérience.

Quelles études ?

Après le bac en 2 ou 3 ans

Le BTS communication et le DUT information-communication option communication des organisations, en 2 ans après le bac, sont les formations de base aux métiers de la communication. Autre piste : le DUT métiers du multimédia et de l'Internet (MMI), axé sur la communication multimédia. À compléter par 1 an dans l'une des licences professionnelles métiers de la communication orientées Web. Cependant, il est conseillé de poursuivre ses études au-delà d'un bac + 2 ou + 3.

Après le bac en 4 ou 5 ans

Selon une étude de RégionsJob, plus de la moitié des community managers possèdent en effet un bac + 5, le plus souvent en communication ou en marketing.

École de communication, master en communication et/ou marketing à l'université, diplôme d'école de commerce ou d'IEP... constituent autant de formations possibles. Une forte appétence pour le Web est indispensable, ainsi que la maîtrise de l'anglais.

RESPONSABLE E-CRM

© DR

Gwladys Hulot,
responsable e-CRM
aux éditions Atlas

« Il faut entretenir la flamme avec les clients. »

« En couple, il faut entretenir la flamme. Si on ne fait rien, il ne se passe rien et l'on divorce. Avec les clients, c'est pareil ! » Gwladys évoque ainsi le cœur de son métier de responsable e-CRM pour les éditions Atlas, spécialisées dans la vente d'objets de collection, de beaux livres et de produits jeunesse.

« Profiler » les clients. C'est au travers de données statistiques, les *data*, que Gwladys détermine des groupes de consommateurs. *« Il y a les passionnés qui achètent tous nos produits, certains plus sélectifs commandent un produit de temps en temps, d'autres viennent moins souvent et il faut les réveiller. »* Afin de mieux appréhender le comportement des clients, la responsable e-CRM analyse aussi les mails qu'elle leur a envoyés pour savoir où ils ont cliqué, ce qu'ils ont aimé…

Les fidéliser. À partir de ces données, Gwladys décide de la stratégie à adopter pour les fidéliser. *« On peut faire différentes actions avec les chiffres mais il faut être capable de proposer LA bonne opération commerciale, celle qui va marcher ! »* Elle peut s'appuyer en interne sur une équipe de trois personnes : un webmaster, un community manager et un assistant. Elle travaille également avec des prestataires extérieurs, notamment des graphistes et des développeurs.

40 000 fans sur Facebook. Dans cette gestion de la relation clients, les réseaux sociaux représentent un outil formidable. *« Quand j'ai commencé à travailler dans le marketing, on imaginait un contenu adapté pour chacun. On peut désormais le faire grâce au Web. »* Résultat : sur le site, elle propose à ses clients des contenus en fonction de leurs goûts, les informe des nouvelles promotions ou leur offre des *goodies* (produits dérivés, bonbons ou cadeaux).

Quel salaire ?

De 2900 € à 3700 € brut par mois pour un débutant, selon cadremploi.fr. Les salaires des responsables e-CRM varient en fonction du caractère international et stratégique du poste.

Ça recrute ?

Les métiers de l'e-CRM sont récents mais toutes les entreprises qui veulent fidéliser leurs clients ont besoin de gestionnaires de campagne, de responsables e-CRM ou encore de community managers.

Quels débuts ?

On ne débute pas comme responsable e-CRM, plusieurs fonctions permettent de faire ses premières armes : responsable de campagne mail, assistant chef de projet e-CRM ou encore community manager. C'est d'ailleurs ainsi que Gwladys a commencé.

Quelles études ?

Après le bac en 5 ans

Une formation de niveau bac + 5 en webmarketing ou e-commerce est nécessaire pour exercer ce métier.

À l'université, des masters proposent des spécialisations plus ou moins ciblées : master marketing spécialisé en marketing direct et e-commerce, master information et communication spécialisé en cultures et métiers du Web…

Toutes les écoles de commerce offrent des formations en marketing. Certaines déclinent des spécialisations appliquées au Web : par exemple, marketing digital à l'ESC Pau, webmarketing à Skema et à l'Essca, e-marketing et management des technologies de l'information et de la communication à l'EM Strasbourg.

Retrouvez les études pp. 77, 82.

TRAFFIC MANAGER

© DR

Robin Morvan,
traffic manager
chez Ad's up

« Je cherche en permanence à optimiser les ventes. »

« Lorsqu'un annonceur me confie un budget de 3 000 euros, c'est avec l'objectif d'augmenter son chiffre d'affaires de quelque 10 000 euros », lance Robin, traffic manager au sein d'Ad's up, une agence spécialisée dans l'achat de liens commerciaux sur les moteurs de recherche. L'enjeu est d'importance !

Place aux chiffres. Au quotidien, Robin s'occupe d'une quinzaine d'e-commerçants. Du petit annonceur à celui qui dépense des dizaines de milliers d'euros par mois. Et du vendeur de bâtons de marche nordique à la société financière. Rivé à l'ordinateur et au téléphone, ce jeune manager passe beaucoup de temps à analyser des chiffres et à communiquer à ses clients les résultats des campagnes de publicité qu'il met en place.

Stratégie publicitaire. Après avoir cerné le métier et les objectifs du client, Robin conçoit la campagne : *« Je choisis des mots-clés correspondant aux produits que le client souhaite promouvoir. Puis j'achète des liens sur Google AdWords, afin que mes annonces publicitaires s'affichent en bonne place quand un internaute fait une recherche sur ces mots-clés. »* Il doit rédiger des messages suffisamment percutants pour déclencher des clics vers le site marchand. Une fois la campagne lancée, Robin surveille au quotidien l'évolution des ventes : *« Cherchant en permanence à les optimiser, je peux ajuster le tir, par exemple en achetant d'autres mots-clés. »*

Force de proposition. *« Je tutoie la plupart de mes clients et j'apprécie de nouer avec eux des relations à long terme »*, s'enthousiasme Robin. Il aime aussi discuter avec les équipes techniques en vue d'améliorer la qualité des sites. Raccourcir le temps de réponse sur un clic peut rapporter gros…

Quel salaire ?

De 2100 € à 2900 € brut par mois pour un débutant, selon cadremploi.fr. La gestion de sites à fort trafic et l'encadrement d'équipe contribuent à l'augmentation des salaires.

Ça recrute ?

Les traffic managers sont très recherchés : les entreprises, grandes et petites, utilisent de plus en plus la publicité en ligne pour accroître la visibilité et la notoriété de leurs marques.

Quelle évolution ?

Le traffic manager peut passer d'une agence vers une entreprise ou inversement. *« Et évoluer vers des postes spécialisés en Web analytique ou en conversion »*, explique Robin.

Quelles études ?

Après le bac en 2 ou 3 ans

Pluridisciplinaire, le DUT métiers du multimédia et de l'Internet (MMI) est le bac + 2 le plus adapté. Sinon, les DUT information-communication (option publicité) et techniques de commercialisation, et le BTS communication peuvent être complétés, en 1 an, par une licence professionnelle en e-marketing.

Plusieurs écoles d'Internet ou de communication (Estacom, Hétic...) proposent des bachelors spécialisés en e-marketing en 3 ans.

Après le bac en 5 ans

Ce métier, qui exige des connaissances en marketing et en technologie web, recrute de plus en plus de diplômés à bac + 5.

Ils sont issus d'écoles d'Internet ou de communication, d'écoles de commerce offrant une spécialisation en e-business ou de masters dans l'e-commerce, l'e-marketing ou la publicité en ligne à l'université.

Retrouvez les études pp. 70, 73, 77, 82, 84.

LES CONDITIONS DE TRAVAIL

Open space, multiplication des écrans, *rush* les soirs et week-ends… les pros du Web ont la réputation d'être toujours connectés. Et pour cause ! Aperçu de ce qui fait leur quotidien professionnel.

Travail d'équipe
Un incontournable

Référenceur, webdesigner, développeur, intégrateur, community manager… ils passent la majeure partie de leur temps devant l'ordinateur ou au téléphone. Mais on est loin de l'image, fausse, d'un travail solitaire derrière un écran. En réalité, ces pros sont intégrés aux équipes projet, incluant les chefs de projet, les collègues, des éventuels prestataires extérieurs… La plupart sont nécessairement en contact avec les clients et les utilisateurs. Ils doivent savoir dialoguer avec eux pour comprendre leurs besoins et proposer des outils adaptés. *« Un projet informatique, c'est un peu de technique, mais beaucoup plus d'humain »*, insiste Oriane Grelier, chef de projet dans la fonction publique.

Ambiance
Détendus mais sérieux

Open space confortables, bureaux très personnalisés, relations entre collègues moins codifiées : autant de signes renvoyant une image décontractée de certaines *start-up* de design, agences de communication et espaces de *coworking*. Mais derrière les apparences se cachent des métiers exigeants qui requièrent des compétences pointues et recrutent des profils rigoureux. Si les pauses de l'après-midi sont parfois plus longues qu'ailleurs, c'est parce qu'en période de grosse charge de travail on peut demander aux salariés de rester très tard au bureau, voire toute la nuit !

Des RDV sont souvent organisés avec les clients ou les prestataires. Mobilité requise.

© Cyril Lauret/Onisep

Free-lance
La liberté sous conditions

Après des débuts en agence, de nombreux professionnels du design et de la création optent pour l'exercice en *free-lance* qui présente avantages et inconvénients. *« Pour bien vivre de mon métier, je travaille régulièrement soirs et week-ends »*, précise Maud Rubeaud, webdesigner *free-lance* depuis 8 ans. Il faut également prévoir le temps consacré aux relances clients, à la facturation... Le bonus ? L'autonomie. *« Avec l'expérience et un nombre suffisant de commandes, il m'arrive de refuser un travail qui ne m'inspire vraiment pas. »* Une liberté qui motive de nombreux *free-lance*.

Missions chez le client
Savoir s'adapter

Les spécialistes de l'informatique qui travaillent en agences web et en entreprises de services du numérique (ESN) sont parfois envoyés en mission chez le client, pendant quelques jours voire plusieurs années. Notamment dans le secteur du luxe ou des banques où l'accès au système informatique ne peut pas se faire depuis l'extérieur. Parce qu'ils sont coupés de leurs collègues, qu'ils doivent s'adapter à un nouvel environnement à chaque projet et ne savent pas où la prochaine mission les conduira, cette mobilité est vécue par certains comme une contrainte. Pour d'autres, elle constitue au contraire une chance de découvrir différents secteurs d'activité - voire différentes villes - et d'éviter la routine professionnelle.

Motivation
Place à la variété !

Un nouveau dossier chaque mois pour une intégratrice, 15 projets en cours pour un chef de projet, 5 à 6 alertes par jour pour un ingénieur réseaux, des clients qui n'ont rien à voir les uns avec les autres pour une chef de projet webmarketing... Travailler pour le Web constitue un défi et un excellent antidote contre la routine. La variété des activités, des interlocuteurs et des secteurs abordés y est monnaie courante. Avec des nuances selon les structures : *« En agence, les dossiers traités sont très variés, à l'instar de la clientèle, et il y a un dynamisme ambiant. En entreprise, on peut plus facilement approfondir son travail mais les sujets sont plus limités »*, confie Armand Philippe, référenceur.

DICO DES MÉTIERS

DÉVELOPPEMENT ET RÉSEAUX

CHEF/FE DE PROJET WEB TECHNIQUE

★★

Pendant quelques mois ou plusieurs années, ce chef de projet supervise la partie technique de la création d'un site ou d'une application web. Cela passe par l'élaboration des caractéristiques techniques du futur site, l'évaluation du temps nécessaire à sa réalisation et la constitution d'une équipe. Tableaux de bord à l'appui, il suit ensuite l'avancée du projet, en veillant au budget et au temps impartis. Ses qualités humaines lui permettent de mobiliser les équipes.

Formation

Diplôme d'ingénieur ; master ; école d'Internet ou d'informatique.

DATA SCIENTIST

★★

Le *big data* ? Un volume toujours plus important de données sous des formes différentes (chiffres, textes ou images). Entre la statistique, l'informatique et la maîtrise des enjeux économiques et sociaux, cet expert identifie ces masses de variables issues du Web ou de l'activité de l'entreprise, puis les analyse *via* des modélisations mathématiques. Ses résultats peuvent jouer un rôle clé dans les prises de décision de l'entreprise.

Formation

Peu de diplômes dédiés. Diplôme d'ingénieur ; master en statistiques ; doctorat en sciences dures.

DÉVELOPPEUR/EUSE

★☆

Son quotidien : les programmes informatiques. Chargé de la réalisation technique d'applications mobiles, de sites web..., le développeur travaille à partir d'un cahier des charges établi, le plus souvent, par le chef de projet. Grâce à ses connaissances en maths et en informatique, il traduit les attentes du client en code. Des lignes de codage qui se transforment en images ou en fonctionnalités. Java/JEE, Ruby, Python : les langages utilisés sont différents selon les supports.

Formation

BTS ou DUT en informatique ; licence pro en développement ; diplôme d'ingénieur ; master ; école d'Internet ou d'informatique.

INGÉNIEUR/E RÉSEAUX

★★

Pour garantir des réseaux performants, cet ingénieur commence par analyser les besoins des métiers représentés dans son organisation : facilité de connexion pour des salariés nomades, puissance de calcul pour des chercheurs... Ce qui lui permet de choisir les équipements (matériels, logiciels) et de prévoir leur mise en réseau (connexion des postes de travail, gestion des terminaux mobiles). Taux de pannes, satisfaction des utilisateurs... sont des indicateurs qui lui permettent ensuite de mesurer la qualité du service rendu, et de l'optimiser.

Formation

Diplôme d'ingénieur ou master en informatique spécialisation réseaux.

INTÉGRATEUR/TRICE

★☆

Sans lui, une navigation lente, des bogues, des liens incorrects. Dans la création d'un site Internet, l'intégrateur est l'intermédiaire entre les graphistes et les développeurs. Il traduit les maquettes fournies par l'équipe artistique en langage informatique compréhensible par un navigateur web. Composition du squelette des pages, ajout des animations... il faut ensuite vérifier que le site s'affiche correctement sur tout type de supports (ordinateurs, mobiles, tablettes).

Formation

BTS ou DUT en informatique ; licence pro en informatique et Web, création numérique ; école d'Internet ; master en infographie, numérique.

RESPONSABLE SÉCURITÉ

★★

Son obsession ? Éviter le vol de données et les intrusions dans le système informatique de son entreprise. Sa parade ? Des logiciels et équipements de sécurisation, mais aussi une veille permanente sur Internet pour connaître les risques de cyberattaque. Cet expert sait vulgariser le sujet de la sécurité pour être compris de ses collègues non informaticiens et faire appliquer les mesures adoptées. Ce poste à responsabilités n'est souvent accessible qu'après 5 à 10 ans d'expérience comme consultant sécurité.

Formation

Diplôme d'ingénieur ou master en sécurité.

★☆ *Accessible directement après ses études*
★★ *Accessible avec de l'expérience*

DESIGN ET CRÉATION

DIRECTEUR/TRICE ARTISTIQUE WEB

★★

Créatif et gestionnaire, le directeur artistique web est responsable de la déclinaison sur Internet de l'identité visuelle d'une marque. En analysant la stratégie de la marque qui l'emploie et celles de ses concurrents, il imagine la charte graphique du projet web (site, intranet, publicité *online*), en s'inspirant des tendances. Le « DA » est présent à chaque étape et définit les concepts graphiques et artistiques - dont parfois les animations ou les illustrations sonores.

Formation

École de graphisme; quelques masters.

© ALAIN POTIGNON/ONISEP

GRAPHISTE WEB

★☆

Un site web, ce n'est pas que du texte. Le graphiste met en images (fixes ou animées) le message véhiculé par le site. Sous l'impulsion du directeur artistique et après le travail de l'UX designer, il dessine les icônes, les boutons, les logos, les illustrations ou les bannières. Il travaille sur sa palette graphique et choisit avec soin photos, typographie et codes couleurs. Ce pro de la communication visuelle renforce l'identité du site et doit le rendre agréable à consulter grâce à son sens créatif.

Formation

BTS design graphique; DMA arts graphiques; licence pro; école spécialisée (graphisme, Internet); quelques masters.

UX DESIGNER

★☆

Fluidifier la navigation de l'internaute pour qu'il accède de façon intuitive à la page qu'il cherche : c'est la préoccupation de l'UX designer. S'il s'informe des besoins du directeur artistique, il se place surtout du côté des utilisateurs avec qui il teste le site pour faire évoluer le projet (simplifier l'interface, rendre un service plus visible), avec les graphistes et les développeurs. Ados, réseau de professionnels... quel que soit le public, il tente de comprendre leurs réflexes pour les devancer.

Formation

BTS en design ou communication; licence pro; école spécialisée (graphisme, Internet); quelques masters.

WEBDESIGNER

★★

Sites web, portails, applications mobiles... derrière l'écran consulté par l'internaute se cache le savoir-faire d'un webdesigner. Son rôle ? Traduire les besoins du client par des choix graphiques pertinents (couleurs, outils de navigation, typographie...) en tenant compte des spécificités du Web (ergonomie, accessibilité aux informations). Qu'il conçoive l'arborescence, l'habillage ou l'animation graphique, il doit maîtriser les logiciels de conception et de création de contenus.

Formation

BTS design graphique ; licence pro ; école spécialisée (graphisme, Internet) ; quelques masters.

INFORMATION ET CONTENU

CHEF/FE DE PROJET E-FORMATION

★☆

Une école ou une entreprise veut développer une formation en ligne ? Ce spécialiste d'e-learning coordonne le projet avec des formateurs et des informaticiens. Après avoir analysé les besoins, il structure et scénarise des contenus pédagogiques utilisant différents supports (textes, documents audio, vidéos, animations, exercices interactifs...). Il travaille dans des entreprises de formation à distance, des grands groupes, des universités numériques, ou encore en indépendant.

Formation

Master en ingénierie pédagogique multimédia ou en e-formation.

DATA JOURNALISTE

★★

La spécificité du data journaliste ? Il n'écrit pas d'articles, mais propose une visualisation de l'information à partir de données chiffrées et apporte un nouvel éclairage sur un événement. Pour cela, il collecte, classe et analyse des milliers de pages chiffrées. L'information qui en ressort est mise en scène (courbes, tableaux, histogrammes, cartes...) afin de l'expliquer au lecteur. Un travail qui s'effectue en mode projet avec des développeurs et des graphistes.

Formation

DUT information-communication ; licence pro ; master ; IEP ; école de journalisme.

JOURNALISTE WEB

★☆

Recueillir des informations et les rendre accessibles au public sur le Net, tel est le rôle du journaliste web. Techniques d'enquête classiques (interviews, reportages...) et réseaux sociaux (Twitter, Facebook...) lui permettent de collecter et vérifier ses informations. Il exploite également les potentialités multimédias du Web pour compléter ses articles (son, image fixe et animée, vidéo...) et les mettre à jour en temps réel. Certains sont généralistes là où d'autres se spécialisent sur un thème.

Formation

DUT information-communication ; licence pro ; master ; IEP ; école de journalisme.

★☆ *Accessible directement après ses études*

★★ *Accessible avec de l'expérience*

MODÉRATEUR/TRICE

★☆

Cette vigie du Web bloque la publication de commentaires irrespectueux, diffamatoires ou hors sujet, sur les sites et les forums dont on lui confie la surveillance. Les échanges entre internautes ne doivent pas ternir l'image de la personnalité ou de l'entreprise qui édite ces sites : le cadre légal et une charte éditoriale fixent les limites à ne pas franchir. Certaines agences web, qui proposent des prestations de modération humaine (la modération peut être automatisée), emploient des équipes de modérateurs.

Formation

Divers profils ; très bonne connaissance de l'environnement technique et éditorial du Web et des réseaux sociaux.

RESPONSABLE ÉDITORIAL/E WEB

★★

Le responsable éditorial web garantit la cohérence d'un site d'information. Choisir le ton et les sujets des articles, organiser la page d'accueil, gérer les délais, réagir rapidement pour ajuster... il est partout. Et s'assure que les textes, photos, vidéos et sons mis en ligne suivent la charte éditoriale. Ce généraliste, doté de bases techniques, manage les rédacteurs et travaille aussi avec les graphistes, le service publicité, etc. Il participe aux évolutions tant sur le fond que sur la forme.

Formation

Master ; IEP ; école de journalisme ; école d'Internet.

VEILLEUR/EUSE STRATÉGIQUE

★☆

Chaque jour, des millions d'informations circulent sur Internet... Où en est la concurrence ? Une innovation technologique est-elle en passe de révolutionner un secteur ? Doté d'excellents réflexes de documentaliste sur le Web, le veilleur stratégique recherche, compare et analyse sources et données (économiques, mais aussi celles liées à l'e-réputation). Sa mission ? Livrer ces éléments et alerter l'entreprise pour laquelle il travaille (direction générale, marketing, etc.) sur une information qui pourra aider à prendre les bonnes décisions.

Formation

Licence pro ; master ; école spécialisée.

WEBMASTER

★☆

Développement et suivi technique, gestion des contenus, référencement et animation de communautés : dans les petites entreprises, ce mouton à cinq pattes du Web est sur tous les fronts. Il a parfois participé à la création du site qu'il fait vivre, en définissant son identité visuelle. Quand cette gestion est trop lourde pour une seule personne, il peut alors déléguer la rédaction ou le référencement.
En pleine mutation, ce métier se spécialise avec l'apparition de webmasters techniques et de webmasters éditoriaux.

Formation

DUT MMI ; BTS ou DUT informatique ; licence pro orientée Web ; master ; école d'Internet.

COMMUNITY MANAGER

★☆

Les médias sociaux sont devenus incontournables dans toute stratégie de communication. C'est là que le community manager intervient, en créant et en animant des communautés d'internautes sur le Web autour d'une marque. Son objectif : accroître la notoriété de la marque, gagner des clients et les fidéliser. Au quotidien, cet animateur gère les sites, blogs et comptes Facebook, Twitter... d'une entreprise, et est responsable de l'e-réputation de cette dernière.

Formation

BTS communication ; DUT info-com ou MMI ; licence pro ; master ; école de communication ; école de commerce ; IEP.

COMMUNICATION ET MARKETING

CHEF/FE DE PROJET WEBMARKETING

★★

Sa mission : augmenter le trafic et les ventes d'un site Internet. Pour y parvenir, ce chef de projet s'appuie à la fois sur les méthodes marketing traditionnelles (lancement d'une campagne de communication) et sur celles qui sont propres à Internet (amélioration du référencement du site, réseaux sociaux...). Grâce aux logiciels de *tracking*, il mesure les retombées des campagnes menées (sur l'audience, le trafic, les ventes). Entre la direction, le commercial et la technique, il peut piloter une équipe dédiée.

Formation

Master en webmarketing, stratégie digitale ; école de commerce.

CONSULTANT/E E-RÉPUTATION

★☆

Dans e-réputation, il y a Web.
Le consultant traque sur Internet les opinions exprimées par les internautes sur la marque ou l'entreprise pour laquelle il travaille : commentaires sur les réseaux sociaux, avis de consommateurs, blogs, forums... Ce « veilleur d'image » produit ensuite une synthèse de ces opinions, qu'il fournit aux dirigeants. Il peut aussi être amené à apporter des recommandations stratégiques ou à dialoguer avec les communautés d'internautes. Une fonction parfois proche du community manager.

Formation

Master en marketing, en communication (certains proposent un volet e-réputation), en intelligence économique.

★☆ *Accessible directement après ses études*
★★ *Accessible avec de l'expérience*

CONSULTANT/E WEB ANALYTIQUE

★☆

Tout site doit avoir en permanence l'œil sur ses utilisateurs et ses chiffres de consultation. C'est la spécialité du consultant web analytique. Nombre de visites par rubrique ou par page, taux de clics, pages les plus consultées, durée de la consultation… cet analyste de trafic interprète et synthétise ces données pour évaluer l'utilisation du site par les internautes. Au-delà du diagnostic, on attend de lui des solutions (sur le contenu, l'ergonomie…) pour développer les performances du site et optimiser son audience.

Formation

Master en statistiques ou marketing ; école de commerce ; école d'Internet.

RÉFÉRENCEUR/EUSE SEO

★☆

Pour une entreprise ou une boutique en ligne, figurer en tête des réponses sur un moteur de recherche revêt une importance stratégique. C'est le défi quotidien du référenceur SEO *(search engine optimization)*. Ce spécialiste du positionnement d'un site web sur les moteurs et annuaires de recherche utilise différentes techniques : structuration optimale des pages, introduction de mots-clés pertinents dans les contenus rédactionnels, insertion de liens de page à page, etc.

Formation

DUT MMI ; BTS ou DUT commerce, communication, informatique, complété par une licence pro ; master ; école de commerce ; école d'Internet.

RESPONSABLE DE L'AFFILIATION

★☆

Parce qu'il passe des accords avec d'autres sites web, on l'appelle aussi responsable des partenariats. Exemple : un site de produits culturels noue un partenariat avec un site de jeux vidéo. Ce contrat permet au site marchand d'accroître sa notoriété et son chiffre d'affaires, et au partenaire de toucher des commissions tout en enrichissant son contenu. Mais un partenariat doit être rentable : en amont, il s'agit d'identifier les bons candidats ; en aval, il faut s'assurer de la performance de chaque partenariat.

Formation

Licence en e-commerce ou marketing ; master en marketing, gestion ; école de commerce ; école d'Internet.

RESPONSABLE E-COMMERCE

★☆

Spécialisé tant dans les techniques web que dans le commerce, ce responsable gère un ou plusieurs sites Internet dédiés à la vente. Concrètement, cela veut dire veiller au bon déroulement de la gestion des stocks, à la sécurité de paiement, à la qualité du service et au service après-vente (SAV), encadrer les équipes, piloter les projets et coordonner les activités. Pour accroître le trafic et la notoriété du site, et fidéliser les clients, il a recours aux leviers de l'e-marketing (référencement, affiliation, partenariats…).

Formation

Master en marketing, e-commerce ; école de commerce.

RESPONSABLE E-CRM

★★

Dernières navigations sur le Web, comportements d'achat, questionnaire... le responsable e-CRM utilise toutes les informations que donnent les clients sur les sites Internet pour mieux les connaître et les fidéliser. À partir des données obtenues, il identifie des groupes de consommateurs et leur propose des produits et services sur mesure, en adéquation avec leurs goûts et leurs besoins : mails personnalisés, bons de réduction à imprimer... Les réseaux sociaux, comme Facebook ou Twitter, sont très utilisés dans l'e-CRM.

Formation

Master en e-marketing, digital marketing ; école de commerce.

© GRÉGOIRE MAISONNEUVE/ONISEP

TRAFFIC MANAGER

★☆

Pour attirer des visiteurs et des consommateurs sur un site Internet, les liens sponsorisés et les bannières publicitaires sont ses meilleures armes. Au sein d'une entreprise ou dans une agence de web marketing, le traffic manager gère des espaces publicitaires, met en ligne des campagnes et analyse leur performance, chiffres à l'appui. Pour cela, il met en place des outils de *tracking* qui enregistrent les taux de clics et les ventes en ligne. Il peut modifier une campagne afin de doper ses résultats, qu'il présente chaque mois à l'annonceur.

Formation

DUT MMI ; BTS ou DUT commerce, communication, informatique ; licence pro ; master ; école de commerce ; école d'Internet.

WEBPLANNEUR/EUSE

★☆

Sa mission : programmer les campagnes de publicité sur les sites Internet. En fonction du produit à promouvoir et du public visé (la cible), le webplanneur sélectionne les meilleurs sites en termes de profils de visiteurs, de fréquentation et de contenu. En agence Web ou directement chez l'annonceur, il supervise la mise en ligne effectuée par les traffic managers des sites concernés et ajuste ou modifie la campagne si les objectifs ne sont pas atteints. À lui de calculer le prix de revient de chaque campagne et d'estimer son rendement.

Formation

BTS ou DUT ; licence pro ; master en communication, marketing, commerce.

★☆ *Accessible directement après ses études*

★★ *Accessible avec de l'expérience*

ÉTUDES

QUELLES FORMATIONS POUR QUELS MÉTIERS ?

Pour rejoindre les métiers du Web, les formations sont variées. Surtout, elles dépendent du projet envisagé. Présentation des cursus adaptés aux différentes familles.

DÉVELOPPEMENT ET RÉSEAUX

Si quelques autodidactes deviennent développeurs ou intégrateurs, les métiers de la programmation et des réseaux requièrent une formation en informatique. Mais avoir un diplôme étiqueté Internet n'est pas indispensable : l'orientation web peut être donnée par des options à l'intérieur de ces cursus ou par le premier emploi.

À bac + 2, + 3, un BTS ou un DUT en informatique, éventuellement complété par une licence professionnelle, permet notamment de devenir développeur, administrateur réseaux, intégrateur, tout comme les titres à bac + 3 en développement des écoles d'Internet ou d'informatique.

Cependant, la plupart des recrutements s'effectuent à bac + 5. Les masters à l'université et les diplômes d'ingénieur proposent de nombreuses spécialisations (réseaux, sécurité...), parfois dans le Web (développement d'applications mobiles, gestion de projets Internet). Les titres à bac + 5 des écoles d'Internet ou d'informatique mènent aussi aux fonctions de chef de projet.

DESIGN ET CRÉATION

Les diplômes à bac + 2, + 3, comme le BTS design graphique, le DMA arts graphiques, le DNA design graphique et les licences professionnelles, conduisent plutôt à des fonctions d'assistant.

Mais un bac + 4, + 5 est le plus souvent requis. La plupart des créatifs sont passés par une école d'art, publique ou privée. Certaines écoles offrent des diplômes très adaptés au format du Web. Il existe également quelques rares masters à l'université, en ergonomie et en design interactif.

Les écoles d'Internet proposent aussi ce genre de cursus, qui vont probablement s'imposer de plus en plus dans les entreprises. Selon l'étude emploi 2013 des Designers interactifs, 30 % des pros d'aujourd'hui ont été formés dans une école des nouvelles technologies, loin devant les écoles de design (18 %) et les écoles d'art (16 %).

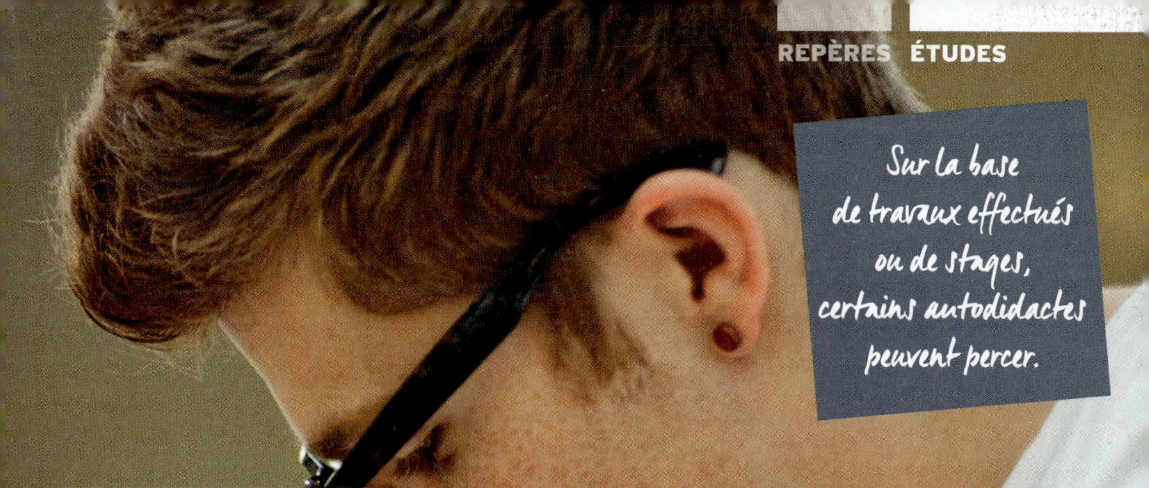

Sur la base de travaux effectués ou de stages, certains autodidactes peuvent percer.

INFORMATION ET CONTENU

Plusieurs portes d'entrée existent à bac + 2 : le DUT métiers du multimédia et de l'Internet (MMI, pour les nouvelles technologies de l'information) ; l'option journalisme du DUT information-communication (pour les techniques de l'information en ligne) ; l'option information numérique dans les organisations (INO) de ce même DUT (pour la recherche, l'analyse et la diffusion de contenus informatifs). On peut compléter son parcours par une licence professionnelle en 1 an, par exemple en gestion de l'information.

Les autres cursus relèvent d'un bac + 5. À l'université, de nombreux masters ciblent les pratiques du journalisme web, de l'édition numérique, de la veille stratégique... Quelques-uns préparent aux métiers du e-learning. En école d'Internet, les programmes abordent la communication digitale. Les écoles de journalisme, enfin, intègrent la pratique du journalisme web dans leur programme et, pour certaines, une majeure ou un parcours spécifique.

COMMUNICATION ET MARKETING

À bac + 2, un DUT métiers du multimédia et de l'Internet (MMI), un DUT techniques de commercialisation, ou un BTS ou un DUT en communication ou en informatique permet de débuter comme référenceur, community manager, etc. Éventuellement complété par une licence professionnelle en 1 an. En 3 ans également, une licence d'information-communication ou de gestion, ou une école d'Internet ou de communication est aussi appropriée. Selon le poste et l'entreprise, il faut parfois pousser jusqu'à un bac + 5.

Pour les métiers de l'e-réputation, de la stratégie publicitaire webmarketing, et les fonctions de chef de projet et de responsable (e-commerce ou e-CRM), un bac + 5 est requis. Cap sur les masters à l'université (communication numérique, e-réputation, publicité en ligne, stratégie digitale, intelligence économique, etc.) ou les diplômes en 5 ans des écoles d'Internet, de communication ou de commerce. Parmi ces dernières, certaines offrent des spécialisations en e-commerce ou en webmarketing.

QUELLES FORMATIONS APRÈS QUELS BACS ?

Différents bacs ouvrent aux formations du Web, en fonction du cursus envisagé et du parcours de chacun. Quelques exemples des principales formations accessibles selon la série suivie, à compléter bien sûr au cas par cas.

Après le bac S

À bac + 2, les bacheliers S sont souvent majoritaires dans les trois DUT phare (informatique, métiers du multimédia et de l'Internet, et réseaux et télécommunications), ainsi que dans le DUT orienté statistiques. On les retrouve aussi en BTS services informatiques aux organisations et, en moindres effectifs, dans les BTS en commerce ou communication.

À l'université, les bacs S attirés par l'aspect technique suivent la licence d'informatique ou de maths et informatique, premier palier vers des masters d'informatique. Autre voie possible : les licences économie et gestion, information-communication et droit.

Du côté des écoles, les bacheliers S constituent la quasi-totalité des admis en écoles d'ingénieurs et sont également nombreux dans les écoles d'Internet. Ceux qui ne visent pas un cursus scientifique peuvent postuler à une école de commerce, de journalisme ou de graphisme.

Après le bac ES

Les bacheliers ES sont bien représentés dans les bacs + 2 en commerce (par exemple, DUT techniques de commercialisation) et communication, qui peuvent être complétés par des formations en webmarketing par exemple. S'ils rejoignent aussi le DUT métiers du multimédia et de l'Internet, ils sont plus rares dans les autres spécialités techniques, à part en statistiques.

À l'université, une partie opte pour les filières économie et gestion, droit, information-communication, qui déclinent des spécialisations web au niveau master. Avec un très bon niveau, ceux qui ont suivi la spécialité mathématiques peuvent envisager la licence informatique.

Ces bacheliers ont bien sûr accès aux écoles de commerce et à de nombreuses écoles d'Internet. Ceux intéressés par la dimension création peuvent suivre un cursus de graphisme.

Certaines écoles d'Internet admettent des candidats sans le bac.

© URBANCOW/ISTOCK

Après le bac L

Les bacheliers L sont présents en DUT métiers du multimédia et de l'Internet, et surtout dans les spécialités en communication (DUT info-com et BTS communication). Ils sont peu nombreux dans les bac + 2 commerciaux.

À l'université, les littéraires sont en bonne place dans les filières information-communication et droit, qui permettent une spécialisation dans le numérique au niveau du master.

Autres orientations possibles : certaines écoles d'Internet, les écoles de journalisme et celles de commerce, les cursus de graphisme (écoles ou bac + 2).

Après le bac STI2D

Les bacheliers STI2D munis d'un bon dossier, en particulier s'ils ont suivi la spécialité systèmes d'information et numérique, ont accès au DUT informatique. On les retrouve aussi en DUT métiers du multimédia et de l'Internet, réseaux & télécommunications, ainsi qu'en BTS services informatiques aux organisations.

Certaines écoles d'ingénieurs leurs réservent quelques places, de même que la plupart des écoles d'Internet.

Les licences à l'université peuvent s'avérer plus difficiles pour ces bacheliers, moins à l'aise avec la théorie.

Après le bac STMG

Le DUT techniques de commercialisation et le BTS services informatiques aux organisations sont les bac + 2 de référence pour les bacheliers STMG. Ceux-ci poursuivent aussi en DUT métiers du multimédia et de l'Internet, en DUT info-com et, en petit nombre, en DUT informatique (parmi ceux qui ont suivi la spécialité systèmes d'information de gestion).

Les bacheliers STMG peuvent intégrer une partie des écoles d'Internet, ainsi que les écoles de commerce, même s'ils y sont minoritaires, voire une licence à l'université.

Après un bac pro

Les bacheliers professionnels spécialité systèmes électroniques numériques (SEN) représentent environ 8 % des effectifs du DUT réseaux et télécommunications et 5 % de ceux du DUT métiers du multimédia et de l'Internet, un quart des effectifs du BTS services aux organisations. Ils sont plus nombreux en BTS commerce (MUC et NRC) ou communication qui ouvrent au e-marketing par exemple.

Les écoles d'Internet sont une autre voie possible, selon les profils qu'elles recrutent.

5 QUESTIONS AVANT DE SE LANCER

Le secteur du Web est friand de jeunes recrues formées aux nouvelles technologies. Les points de repère pour construire son parcours et anticiper ses choix d'orientation.

Spécialisation
Un diplôme web sinon rien ?

Obtenir un diplôme estampillé Internet constitue aujourd'hui un sérieux sésame. Mais, selon la maturité de son projet et le métier visé, un cursus plus généraliste peut très bien convenir. Un diplôme d'école de commerce ou d'ingénieurs, apportant une spécialisation « classique » en marketing pour la première et en informatique pour la seconde, ouvre les portes du Net. Les stages et projets menés pendant les études seront alors déterminants. De même, un DUT en statistiques ou commercialisation, non spécifique, peut ensuite être complété par une licence professionnelle ou un diplôme d'une école spécialisée pour mener au *data mining* ou à l'e-commerce, deux orientations qui intéressent le Web. De plus, pour certains métiers encore récents, un stage long constitue une expérience significative, tout autant que le diplôme.

© ISTOCK

Niveau d'études
Bac + 3 ou bac + 5 ?

La plupart des fonctions du Web sont accessibles avec un diplôme à bac + 3 : l'e-commerce, le développement et l'intégration technique, le webdesign... À ce niveau, les licences professionnelles offrent de nombreuses possibilités. Les jeunes écoles d'Internet proposent aussi des cursus post-bac en 3 ans, immergeant leurs étudiants tout de suite dans un monde « pur Web ».

Néanmoins, certains postes du webmarketing, de l'information ou de l'informatique requièrent un bac + 5, car ils exigent une expertise pointue, associée à une dimension stratégique. C'est aussi le niveau nécessaire pour briguer rapidement la direction de projets, rejoindre certaines grandes entreprises ou des secteurs hautement technologiques.

Informatique
Un passage obligé ?

S'il n'est pas indispensable d'être passionné d'informatique pour évoluer dans le secteur d'Internet, mieux vaut toutefois ne pas y être totalement allergique. Les nouvelles technologies sont en effet utilisées au quotidien par de nombreux professionnels du Web pour mener à bien leurs missions. La plupart des formations aux métiers du digital, même les non-techniques, intègrent donc, dans une proportion variable selon les cursus, des modules portant sur l'apprentissage de logiciels, les technologies et langages web, les outils de référencement, la sécurité et les réseaux.

Apprentissage
Un bon choix ?

Pour appréhender un secteur aussi mouvant qu'Internet, assurément ! Parce qu'il permet de s'immerger dans le monde professionnel, ses méthodes de travail, ses délais et ses outils, l'apprentissage reste en effet le plus sûr moyen d'être en phase avec la réalité du terrain. Sous contrat de travail et intégré aux équipes, l'apprenti se voit par ailleurs confier des missions de plus grande envergure qu'en stage. Autre avantage : les frais de scolarité sont pris en charge par l'entreprise, et il perçoit une rémunération. Il est cependant indispensable de bien mesurer l'investissement nécessaire pour mener de front préparation du diplôme et vie professionnelle.

Implication
Être 100 % digital ?

Il est certes conseillé de se construire un profil web au-delà de ce qui est demandé pendant les études. Que ce soit pour postuler dans une formation du supérieur dédiée au numérique ou par la suite convaincre de futurs recruteurs, il ne faut pas hésiter à développer des projets personnels. Concevoir son site ou son blog, gérer la vitrine de la junior-entreprise de son établissement, se créer un portfolio en ligne, animer des communautés virtuelles... autant de façons de démontrer sa culture du Net et d'illustrer sa motivation. Dans un secteur où l'on apprécie les personnalités qui savent prendre des initiatives et être force de proposition, cela peut départager des candidats.

LES BTS à la loupe

Après le bac

→ En 2 ans

Deux brevets de technicien supérieur sont bien adaptés au secteur du Web, l'un pour la technique, l'autre pour le graphisme. D'autres constituent une voie d'accès à une spécialisation, à niveau bac + 3 le plus souvent.

PLANÈTE MÉTIERS

Objectif des BTS: rendre les diplômés immédiatement opérationnels. Les enseignements pro occupent la moitié de l'emploi du temps en 1re année, les deux tiers en 2de année. S'y ajoutent jusqu'à 16 semaines de stages en entreprise. Le reste est consacré aux matières générales (français, langues, maths, économie…). Certains établissements proposent la formation en apprentissage.

AMBIANCE LYCÉE

Les étudiants retrouvent en STS un cadre familier: le lycée le plus souvent, avec des classes de 30 élèves, une trentaine d'heures de cours par semaine et une présence obligatoire. Cours, travaux dirigés (TD), travaux pratiques (TP), devoirs et projets à rendre: le rythme de travail est soutenu. Si les frais de scolarité sont gratuits dans le public, ils peuvent être élevés dans certains établissements privés.

ADMISSION SUR DOSSIER

Les candidatures se font sur le portail APB. La sélection par les établissements porte sur les bulletins de 1re et de terminale et, parfois, des tests de niveau. Une lettre de motivation peut être jointe au dossier scolaire. Les titulaires d'un bac technologique ou professionnel obtenu avec une mention « bien » ou « très bien » sont admis de droit dans une spécialité cohérente avec leur bac.

EXAMEN FINAL

Pour obtenir son BTS, il faut réussir un examen national en fin de 2de année, intégrant une part de contrôle continu. Comme les matières générales comptent parfois autant que les disciplines professionnelles, il ne faut pas les négliger. Le BTS vaut 120 crédits européens (ECTS).

INSERTION OU POURSUITE D'ÉTUDES

Avec des entreprises demandeuses de diplômés à bac + 2, l'insertion est aisée. Un peu moins de la moitié des diplômés de BTS poursuivent toutefois leurs études. Ils s'orientent en licence professionnelle et, pour les meilleurs, en école de commerce ou d'ingénieurs, en école spécialisée ou en licence.

À savoir

Également en 2 ans après le bac mais plus spécialisé, le **diplôme des métiers d'art** (DMA) est proposé dans un nombre limité d'établissements, avec très peu d'élus. La spécialité arts graphiques ouvre au métier de graphiste.

Repère

Si les BTS accueillent en majorité des bacheliers technologiques (plus d'un tiers), un quota de places est désormais réservé aux bacheliers professionnels.

Quels BTS pour rejoindre les métiers du Web ?

Deux spécialités permettent une insertion directe dans ce secteur : le BTS services informatiques aux organisations (SIO), en particulier le parcours SLAM, et le BTS design graphique option communication et médias numériques. D'autres formations plus généralistes peuvent aussi y mener, comme le BTS systèmes numériques (SN) option informatique et réseaux. Certaines apportent un premier socle dans un domaine qui peut être complété par une spécialisation web. Les BTS management des unités commerciales (MUC), négociation et relation client (NRC), technico-commercial et communication constituent ainsi une voie d'accès aux licences professionnelles en e-marketing ou commerce électronique, et aux écoles d'Internet.

Quelles différences entre BTS et DUT spécialisés en informatique ?

Le DUT informatique accueille une majorité de bacheliers généraux tandis que le BTS SIO, plus largement dispensé et avec davantage de cursus en apprentissage, privilégie les bacheliers technologiques et professionnels. En BTS, les enseignements partent souvent de travaux pratiques alors qu'en DUT l'approche est plus théorique. Enfin, les modules complémentaires (webdesign, outils intégrés...), parfois proposés en DUT, permettent de renforcer une spécialisation web.

Quelles prolongations possibles après un BTS ?

Les BTS visent l'insertion sur le marché du travail. Néanmoins, le niveau requis pour accéder aux métiers du Web s'élève, avec par exemple un bac + 3 conseillé dans les métiers du webmarketing. Par ailleurs, certains étudiants arrivés sans idée précise en BTS se sont découvert à la faveur des enseignements et des stages une passion pour Internet, et se sentent prêts à continuer pour se spécialiser. Résultat : ils sont de plus en plus nombreux à poursuivre leurs études pour développer leurs compétences. Les BTS constituent de bons tremplins vers les nombreuses spécialités proposées en 1 an en licence professionnelle : informatique, e-commerce, projets multimédias, création pour le Web... Les titulaires du BTS SIO peuvent aussi intégrer une école spécialisée ou une école d'ingénieurs. Après le BTS design graphique, ceux qui veulent développer l'aspect technique, le graphisme sur Internet ou le webdesign peuvent poursuivre en école d'art ou en école spécialisée multimédia.

Orientation multimédia, informatique ou réseaux : comment choisir ?

Le DUT métiers du multimédia et de l'Internet (MMI) forme les couteaux suisses du multimédia, à la fois créatifs et techniciens. Ils savent créer et gérer des sites Internet ou intranet adaptés à leur cible, mais aussi réaliser des produits infographiques, des vidéos, des jeux en ligne ou sur téléphone mobile... Plus théorique et scientifique, le DUT informatique prépare des informaticiens généralistes pour la réalisation de programmes, l'administration de bases de données... Côté Internet, il permet de devenir développeur ou intégrateur web ou développeur d'applications pour mobiles. Quant au DUT réseaux et télécommunications (R & T), on y apprend notamment à gérer et à sécuriser un réseau connecté à Internet, à faire de la programmation web ou mobile, à installer des serveurs...

Quelles aides pour bien commencer ses études ?

Comme les profils des entrants en DUT sont variés, des modules, d'harmonisation en début d'année ou de soutien à plus long terme, sont proposés. Pour le DUT informatique par exemple, ils concernent généralement les mathématiques et la programmation. Des étudiants plus avancés peuvent également offrir un tutorat.

Comment augmenter ses chances d'être admis ?

La lettre de motivation qui accompagne la candidature sur APB est scrutée par les IUT. Ils apprécient qu'un lycéen argumente son intérêt pour une formation. Par exemple, en citant des échanges avec des enseignants lors de journées portes ouvertes (JPO) ou avec des professionnels du domaine. De plus, une expérience (animation de forum sur Internet, stage) ou un projet personnel (portfolio de dessins, vidéos, blog ou site web) peut départager des candidats.

La licence pro après un DUT, un bon plan ?

Elle prépare à des métiers plus typés : les applications web ou la sécurité après un DUT informatique ; la création graphique et d'interfaces, le développement informatique ou l'audiovisuel pour les titulaires du DUT MMI. Sachant que ces derniers peuvent aussi facilement intégrer directement des postes du secteur Internet. Après un DUT techniques de commercialisation ou information-communication, une licence pro orientée Web apporte une seconde compétence dans ce domaine.

DUT informatique

POUR QUI ?

Principalement les bacheliers S (76 %) et STI2D (de préférence spécialité systèmes d'information et numérique), quelques bacheliers ES et STMG (de préférence spécialité systèmes d'information de gestion).

OÙ ?

Dans 59 établissements, dont 10 avec apprentissage.

AU PROGRAMME

Environ la moitié du volume horaire est consacrée à l'informatique : programmation, algorithmique, programmation et administration des bases de données, architecture et programmation d'un système informatique, architecture des réseaux, interfaces homme-machine... L'autre moitié est centrée sur les mathématiques, l'économie-gestion-droit, l'expression-communication et l'anglais. Le développement de services web et d'applications mobiles fait l'objet d'enseignements en programmation web et en conception de documents et d'interfaces numériques. Dans certains IUT, des modules complémentaires sont proposés, par exemple en conception et développement d'applications mobiles.

ET APRÈS ?

Accès à des postes de développeur web, développeur web mobile, développeur d'applications pour mobiles, intégrateur web, technicien réseaux... La majorité des diplômés poursuit en licence professionnelle, en master *via* une licence généraliste ou en école d'ingénieurs.

DUT métiers du multimédia et de l'Internet (MMI)

POUR QUI ?

Tous bacheliers, en particulier S (40 %), ES (19 %), STI2D (16 %), STMG (10 %), L (8 %), et 5 % de bacheliers pro.

OÙ ?

Dans 38 établissements, dont 6 avec apprentissage.

AU PROGRAMME

Pluridisciplinaire, ce DUT aborde toutes les étapes de la réalisation de produits multimédias et de sites web. Le premier pôle inclut les problématiques de communication et marketing, l'écriture pour les médias numériques, la création graphique et infographique, et la production audiovisuelle (image, son, montage). Le second est centré sur l'algorithmique et le développement web, les bases de données, les services sur réseaux, la programmation objet... Les étudiants apprennent à créer des interfaces pour des supports papier ou numérique. Ils abordent le volet fonctionnel : faire dérouler des menus sur une page web, programmer la réaction à un clic, gérer les informations de sites marchands (organisation en base de données et affichage), etc.

ET APRÈS ?

Accès à des postes d'assistant en création multimédia ou de gestionnaire de sites web. Des licences professionnelles, masters, écoles spécialisées, écoles d'ingénieurs permettent de se spécialiser en création graphique ou d'interfaces, *community management*, audiovisuel, développement informatique...

DUT réseaux et télécommunications (R&T)

POUR QUI ?

Principalement des bacheliers S (50 %) et STI2D (39 %) ; environ 8 % de bacheliers professionnels (spécialité systèmes électroniques numériques).

OÙ ?

Dans 48 établissements, dont 17 avec apprentissage.

AU PROGRAMME

Les étudiants apprennent à installer et à administrer des réseaux informatiques et des réseaux de communication et de télécommunications fixes ou mobiles (téléphone, TV, Web, jeux en ligne…). L'enseignement scientifique et général (mathématiques, électronique, développement web, programmation client-serveur, bases de données, anglais, communication) représente plus de 40 % du programme. La majorité est dédiée à la formation technologique et professionnelle : administration et sécurité des réseaux, architecture d'Internet, télécommunications fixes et mobiles…

ET APRÈS ?

Accès à des postes de technicien chez les opérateurs de téléphonie et d'accès à Internet, technicien systèmes et réseaux en entreprise, développeur d'applications pour mobiles… La majorité des diplômés poursuit en licence professionnelle, en école d'ingénieurs ou en master *via* une licence générale.

→ D'autres DUT

DUT information-communication

Ce DUT peut conduire aux métiers du Web, en particulier ses options communication des organisations (la plus généraliste), information numérique dans les organisations (qui s'intéresse aux systèmes d'information, à l'analyse de contenus, aux stratégies de veille, à l'e-réputation…), journalisme (qui permet de s'orienter vers la rédaction et l'édition web) et publicité (vers le webmarketing et la publicité en ligne).

DUT statistique et informatique décisionnelle

Exigeant le goût des chiffres, le DUT STID s'intéresse à la gestion des systèmes d'information et à l'analyse statistique des données. Un socle de connaissances qui peut mettre sur la voie du *data mining*. Les diplômés poursuivent quasiment tous leurs études en licence professionnelle, en master *via* une licence ou en école.

DUT techniques de commercialisation

Accueillant principalement des bacheliers ES et STMG, ce DUT forme des spécialistes de la négociation commerciale et de la relation client. Il peut être complété par une licence professionnelle axée sur l'e-commerce ou une spécialisation en marketing au sein d'une école de commerce.

LES LICENCES ET MASTERS *à la loupe*

L'université propose une large palette de spécialisations dans le secteur du Web, plus ou moins généralistes ou pointues. Un parcours qui se construit pas à pas jusqu'au master à bac + 5.

Après le bac
→ En 3 à 5 ans

UN PARCOURS EN DEUX TEMPS

Les études longues à l'université commencent par la licence (bac + 3), généraliste. Pour développer leur compétence professionnelle, ses titulaires poursuivent le plus souvent en master ou en école (de commerce, d'ingénieurs, de journalisme...). Ceux qui ne souhaitent pas aller jusqu'à bac + 5 s'orientent vers 1 année de licence professionnelle après la 2e année de licence (L2).

BIEN CHOISIR SA FILIÈRE

Information-communication, informatique... la mention visée correspond-elle à son profil et à son projet ? Il est indispensable de prendre l'avis d'enseignants lors des journées portes ouvertes (JPO) ou en demandant un conseil d'orientation pendant la procédure APB. Car, si la plupart des licences sont ouvertes à tous les bacheliers (quelques-unes ont un recrutement particulier), certaines séries de bac sont plus adaptées dans certains domaines.

SPÉCIALISATION PROGRESSIVE

Assurant la transition entre le lycée et l'université, le programme de L1 est pluridisciplinaire. Ce qui facilite les réorientations si nécessaire. Les 2 années suivantes (L2 et L3) permettent d'approfondir les bases acquises en L1. Amorcée en L3 par un choix de parcours, la spécialisation intervient réellement au cours des 2 années de master. À noter : des stages réalisés dès la licence ou un cursus préparé en alternance renforcent la professionnalisation.

LIBERTÉ À SURVEILLER

Au début, les étudiants peuvent avoir l'impression que le rythme de travail est moins intensif qu'au lycée. Attention : reprendre ses cours, mais aussi préparer les travaux pratiques (TP) et dirigés (TD) exige un investissement personnel important. Le tutorat proposé par des étudiants plus avancés, les séances de soutien assurées par les enseignants et les bilans d'étape constituent autant d'aides pour réussir.

Dico

L1, L2, L3 : les 3 années de licence.

M1, M2 : les 2 années de master. Accès de droit en M1 avec une licence compatible ou admission sur dossier ; accès sélectif en M2.

Info@

www.onisep.fr/organisation_licence Pour découvrir les 3 ans de licence.

www.onisep.fr/reussir_licence Pour passer le cap de la 1re année à la fac.

À quel moment se spécialise-t-on dans le Web à la fac ?

Il n'existe pas de licence spécifique à Internet. Font exception quelques universités, comme Paris 1 et Paris 8, qui proposent des parcours de formation aux nouvelles technologies de l'image, de la licence jusqu'au master. Sinon, la spécialisation dans les métiers du Web débute en 1re année de master, et parfois même en 2e année.

Qui dit Web dit pratique. Comment s'acquiert-elle à l'université ?

Aux yeux des recruteurs, l'expérience est aussi importante que la compétence technique. Aussi des projets collectifs et des stages sont-ils intégrés aux programmes des masters. Après avoir suivi un cours sur la conduite de projets, les étudiants s'attellent en petits groupes à la réalisation d'un site Internet ou d'une production cross-média. Il s'agit souvent d'une commande réelle, traitée tout au long d'un semestre. La 2de année de master inclut un stage obligatoire d'environ 6 mois, et un stage moins long est souvent au programme de la 1re année. Les masters en apprentissage permettent une immersion en entreprise plus approfondie ; ils se développent notamment dans le domaine de l'informatique.

Quels sont les masters estampillés Web ?

Parmi les nombreux masters en **informatique**, certains forment des spécialistes aptes à développer des applications qui prennent en compte les spécificités du Web et de la mobilité. Ils abordent les architectures et technologies web et mobile, le développement d'applications, les bases de données, les réseaux…

En bonne place aussi les masters spécialisés en e-commerce ou en **e-marketing**, ou encore en intelligence économique et/ou veille stratégique (analyse de l'information, veille concurrentielle, stratégies d'influence…).

Un petit nombre de masters **multimédias** forment des webdesigners, infographistes, chefs de projet multimédias. Au menu : écriture de scénarios multimédias, ergonomie d'interfaces numériques, pratique des langages informatiques et logiciels de création infographique…

Une vingtaine de masters s'intéressent aux métiers de **l'édition en ligne**, de la rédaction à la gestion éditoriale. Ils préparent à la production et à l'animation de contenus informatifs dans une approche cross-média (texte, son, vidéo), ainsi qu'à la stratégie de communication sur le Web.

Quels profils permettent d'intégrer ces masters ?

Il faut avoir une licence (ou un diplôme équivalent) dans une mention adaptée à la spécialité du master 1 visée.

Les masters abordant la **technologie** Internet accueillent des titulaires de licence d'informatique ou de mathématiques et informatique.

Du côté des masters en e-commerce ou en **e-marketing**, une licence d'économie et gestion ou d'administration économique et sociale (AES) est adaptée.

Pour les cursus orientés **design numérique** et création visuelle, les profils sont divers : licences de communication ou d'informatique, cursus artistiques, licences professionnelles métiers du design ou image et son.

Dans les cursus **d'édition en ligne**, les titulaires de licence de communication ou de sciences humaines et sociales figurent en bonne place, même si d'autres profils sont aussi admis.

À noter : certaines licences proposent des options de préprofessionnalisation centrées sur les nouvelles technologies.

Comment se profiler encore plus pour travailler dans le Web ?

Pour renforcer sa coloration web et crédibiliser son projet professionnel, il ne faut pas hésiter à se lancer dans des expériences personnelles, parallèlement à ses études. Certains étudiants réalisent ainsi des prestations de création ou d'animation de sites. D'autres effectuent des missions pour une junior-entreprise. Mathieu a, par exemple, monté une campagne de sensibilisation à la sécurité informatique et organisé la communication d'un congrès. *« Sur le terrain, on est vraiment confronté aux contraintes de temps et de budget d'un projet »*, souligne-t-il.

Associer droit et Internet, est-ce possible ?

Une dizaine de masters, accessibles après une licence de droit, ciblent le droit du commerce électronique, le droit de la communication numérique et la protection des données. Des spécialisations plus pointues, comme le droit des créations numériques (Paris 11) ou la numérisation des procédures administratives (Paris 1) sont aussi proposées.

LES ÉCOLES D'INGÉNIEURS *à la loupe*

Après le bac

→ En 5 ans

Après un bac + 2

→ En 3 ans

Plus de 200 écoles, généralistes ou spécialisées, préparent au diplôme d'ingénieur. Véritable passeport pour l'emploi, plusieurs offrent des spécialités dans le numérique.

EN 3 ANS, EN 5 ANS...

5 années d'études après le bac sont nécessaires pour obtenir le diplôme d'ingénieur, titre reconnu par la CTI (Commission des titres d'ingénieur). Mais le temps passé dans l'école elle-même varie selon les établissements et le parcours de chacun. Une centaine d'écoles accueillent des bacheliers pour 5 ans d'études. Les écoles en 3 ans recrutent des titulaires d'un bac+2 directement pour entrer en cycle ingénieur. Des durées intermédiaires sont possibles dans le cas des admissions parallèles.

UNE ENTRÉE SÉLECTIVE

Pour les concours post-bac, la sélection, souvent commune à plusieurs écoles, s'effectue sur dossier, entretien et/ou épreuves. Si les bacheliers S sont majoritaires, les profils technologiques sont aussi admis. Pour les concours post-prépa, prévoir 3 à 4 jours d'épreuves portant sur l'ensemble des matières abordées en CPGE scientifiques. En admissions parallèles, place à l'étude du dossier, parfois assortie d'épreuves.

DES SCIENCES MAIS PAS SEULEMENT

Dominantes au début, les sciences fondamentales (maths, physique, chimie...) laissent progressivement la place aux sciences appliquées: informatique, électronique, télécoms... La spécialité occupe une place variable selon les cursus. Un tiers des enseignements sont dédiés aux langues et à l'entreprise (économie, marketing, RH...). Au programme aussi: la sensibilisation à la recherche et une ouverture à l'international.

CAP SUR UN MÉTIER

Pour rendre les futurs ingénieurs opérationnels, les stages occupent au minimum 28 semaines de la formation, et de nombreux projets de groupe initient les élèves au travail en équipe. Cours assurés par des professionnels en exercice, visites de sites industriels, forums de recrutement, missions en junior-entreprises et formules en apprentissage complètent l'ancrage terrain.

Repère

Les frais de scolarité sont de 610 € par an dans la plupart des écoles publiques, majoritaires. Dans certains établissements privés, ils peuvent s'élever jusqu'à 8 000 € l'année.

Info@

www.onisep.fr/ecoles_ingenieurs
Sur la sélection et l'organisation en école d'ingénieurs.

www.onisep.fr/classes_prepa
Sur le fonctionnement des prépas.

Où suivre un cursus d'ingénieur spécialisé Web ?

De plus en plus d'écoles d'ingénieurs forment aux métiers du numérique. Au premier rang d'entre elles se trouvent une vingtaine d'établissements dédiés à l'informatique ou au numérique (3IL, Efrei, Imac...), aux télécoms (Esigetel, instituts Télécom...), à l'électronique (Isep, ECE...). À l'intérieur, des options plus fines permettent de se spécialiser sur un aspect précis du Web : les réseaux, le développement, les systèmes embarqués, la sécurité, etc. Des écoles polyvalentes, comme les Insa ou les Polytech, proposent aussi des colorations dans le numérique.

Ces formations sont-elles réservées aux « geeks » ?

On trouve certes dans ces cursus des passionnés qui ont appris à programmer par eux-mêmes. Mais beaucoup arrivent par le hasard des concours, attirés par le prestige de l'école, et n'ont jamais écrit une ligne de code. Tous les cours repartent de zéro en informatique, en électronique... Mieux vaut cependant avoir éprouvé sa motivation pour le numérique lors de projets personnels ou d'une spécialité dans son cursus (par exemple, informatique et sciences du numérique, ISN, en terminale S) avant de s'engager dans une formation dédiée.

Quelle(s) spécialité(s) pour quels métiers du Web ?

Les spécialités Internet dans les écoles d'ingénieurs sont variées, tout comme les métiers auxquels elles préparent. Point commun : elles abordent le Web par le prisme technique de l'informatique.

Les parcours consacrés aux réseaux ou au développement logiciel mènent aux fonctions de spécialiste cloud computing, architecte réseaux, développeur d'applications mobiles, expert sécurité.

Des cursus forment spécifiquement des chefs de projet au management technique.

Certains, à la frontière avec les maths, préparent des administrateurs de bases de données ou des data scientists.

De nombreuses autres spécialités abordent des secteurs ayant des applications web : santé et numérique, ingénierie financière, transports et mobilité...

Cependant, tout cursus d'ingénieur généraliste peut conduire à un poste dans le Web. Les projets et les stages d'application effectués dans le secteur sont alors capitaux pour affûter son profil.

LES ÉCOLES DE COMMERCE *à la loupe*

Après le bac

→ En 3, 4 ou 5 ans

Après un bac + 2

→ En 3 ou 4 ans

Voie d'accès à certains métiers du webmarketing ou d'e-commerce, les écoles de commerce sont diverses en termes de niveau d'entrée (post-bac ou post-bac + 2), de durée et de réputation.

ÉCOLES POST-BAC

Elles durent 3, 4 ou 5 ans et s'adressent en priorité aux bacheliers ES, S et STMG, après réussite à un concours. Les écrits (QCM de logique, d'anglais, résumé de texte) ont lieu avant ceux du bac. S'ils ne nécessitent pas de révisions particulières, ils supposent d'avoir fait les démarches d'inscription à temps.

ÉCOLES POST-BAC + 2

Ce groupe d'écoles est accessible après une classe prépa aux grandes écoles (CPGE) économique et commerciale (moins de la moitié des élèves), ou après un diplôme à bac + 2 (DUT, BTS ou L2), bac + 3 ou bac + 4 *via* les admissions parallèles. Si les concours des admissions parallèles ressemblent à ceux post-bac, les épreuves post-prépa font appel aux connaissances accumulées pendant les 2 années de CPGE et exigent un bon niveau en maths. Ces écoles conduisent au niveau master.

PRIVILÉGIER UNE ÉCOLE RECONNUE

Avec un coût moyen de 9 000 € par an, une école de commerce ne se choisit pas au hasard. Quelques labels distinguent les formations sérieuses : la reconnaissance de l'établissement par l'État, le visa du diplôme par le ministère chargé de l'Enseignement supérieur, le grade de master pour les formations menant à un bac + 5.

GÉNÉRALISTES

Comptabilité, marketing, communication, contrôle de gestion, droit des affaires, ressources humaines… les premières années sont généralistes et couvrent l'ensemble des fonctions de l'entreprise. Les spécialisations, plus ou moins marquées, interviennent en fin de parcours. Stages, travaux de groupe, interventions de professionnels… la pratique occupe toujours une place de choix. Autres spécificités de ces cursus : la vie associative et l'ouverture à l'international (au moins 1 semestre à l'étranger, en échange universitaire ou en stage en entreprise).

Dico

Prépa économique et commerciale : déclinée en trois options (économique pour les bacheliers ES, scientifique pour les S et technologique pour les STMG), elle dure 2 ans après le bac.

Info@

www.onisep.fr/ecoles_commerce Pour bien choisir son école.

www.onisep.fr/classes_prepa Sur le fonctionnement des prépas.

www.onisep.fr/reconnaissance_diplomes Sur les labels et visas de reconnaissance des écoles.

Bac + 3 ou bac + 5 : quelle insertion ?

Des spécialisations en webmarketing ou e-business existent dans certains programmes courts, en 3 ans après le bac, généralement appelés bachelors. Mais elles sont moins poussées que dans les programmes donnant un niveau master. Les bachelors sont en effet plus généralistes et ne visent pas le même niveau d'insertion professionnelle que les écoles de niveau bac + 5. Un titulaire de bachelor commence comme référenceur ou community manager, alors qu'avec un diplôme à bac + 5 le candidat peut viser des postes de consultant en webmarketing.

Toutes ces écoles proposent-elles une orientation web ?

Non. Sur les 35 écoles reconnues par l'État et délivrant le grade de master, 25 déclinent une spécialisation en e-commerce, en webmarketing ou en stratégie digitale. Cependant, même lorsque cette orientation Internet n'est pas proposée, les spécialisations classiques en marketing permettent également de s'insérer dans le secteur du Web. Les missions réalisées pendant les stages et le type d'entreprises où ils se sont déroulés constituent autant de portes d'entrée.

Quelle différence avec une école d'Internet ?

L'avis de Fanny Rabouille,

responsable de la majeure Internet Strategy et Web Management de Grenoble École de management

« Notre école, comme la plupart des écoles de commerce qui abordent le Web, se situe sur un créneau très particulier : celui de l'accompagnement des entreprises dans leur mutation numérique. Nous ne proposons pas une formation technique, ni entrepreneuriale. Nous n'apprenons pas à nos étudiants à fabriquer des sites Internet, ni à créer une activité de vente en ligne. Nous les préparons à imaginer des stratégies Internet globales pour des entreprises qui existent déjà depuis longtemps : de l'ergonomie du site Internet à l'utilisation des réseaux sociaux, tablettes et smartphones. »

LES ÉCOLES D'INTERNET *à la loupe*

Après le bac

→ En 3 à 5 ans

Les écoles d'Internet se sont multipliées ces dernières années. Design, développement et marketing sont les trois axes de leurs cursus. Se renseigner sur le sérieux de l'établissement, car toutes ne se valent pas.

CULTURE NET

Former davantage de pros ayant une vue d'ensemble sur le fonctionnement du Web: tel est l'objectif de cette trentaine d'écoles, souvent situées en Ile-de-France. En 3 ou 5 ans, elles préparent des chefs de projet et des managers polyvalents et spécialistes. Certaines s'orientent vers l'informatique, avec codage intensif, d'autres sont plus axées design quand d'autres misent encore sur l'e-commerce. Beaucoup proposent plusieurs de ces ingrédients.

UN RECRUTEMENT DIFFÉRENT

Si certains établissements exigent le bac (S, ES, L, STI2D ou STMG), d'autres ne demandent aucun diplôme. La sélection peut s'effectuer sur dossier puis entretien, ou être plus spécifique (exercices à résoudre en ligne, par exemple). Le candidat idéal ? Motivé, travailleur, créatif, aimant l'informatique et travailler en groupe. Pas besoin d'être hypermatheux ou de faire du code depuis 10 ans.

ORIENTATION ENTREPRISE

Les programmes sont revus chaque année et mélangent souvent développement (langages du Web: HTML, Java, etc.), marketing (e-commerce, business) et cours liés aux contenus (communication, multimédia, ergonomie, graphisme et design). Tournées vers le marché de l'emploi, ces écoles imposent des stages et/ou de l'alternance. Des entreprises sont également impliquées: présentation de projets devant des chefs d'entreprise, aide au lancement de *start-up*...

UNE PÉDAGOGIE À PART

Dans ces cursus, où les promotions vont de 45 à plus de 870 étudiants, l'important est d'apprendre à apprendre: les élèves travaillent en groupe, par projets, en étant autonomes. Le rythme y est souvent dense et il faut savoir réagir à un surcroît de travail imprévu. L'élève construit son parcours en utilisant les ressources des établissements, ouverts 24 h/24 pour certains.

Repère

Avant de s'engager dans ces écoles, il faut penser au financement : l'année coûte autour de 6 000 € (à l'exception de l'école 42 et de la Webac@démie, gratuites).

Info@

www.onisep.fr/titres_RNCP

www.onisep.fr/certificats_ecoles

Pour en savoir plus sur la reconnaissance des diplômes des écoles spécialisées.

Qu'est-ce qui distingue les écoles d'Internet ?

Au côté des écoles d'ingénieurs, des écoles de commerce et des cursus artistiques, qui formaient les différents pros du Web, sont nées les écoles d'Internet, des écoles dédiées au Web mixant informatique, marketing et design. La frontière est parfois floue entre ces petites nouvelles et les écoles en informatique, qui elles aussi proposent souvent des spécialisations web. Par ailleurs, des écoles de la presse ou de la télé se lancent aussi dans le secteur. On trouve alors des écoles qui se disent « numériques », « multimédias », voire « digitales ».

Passer par une école d'Internet, est-ce indispensable ?

Non, il n'est pas obligatoire d'être passé par une école spécifique. Si l'on n'est pas sûr de sa vocation, mieux vaut même choisir un cursus plus généraliste : BTS, DUT, licence-master, école d'ingénieurs ou de commerce, IEP..., selon ses capacités et ses goûts. En revanche, une école dédiée constitue une très bonne option pour les plus motivés par l'informatique et par Internet. Elle apporte une formation transversale solide.

À quels métiers préparent ces écoles ?

La plupart des écoles d'Internet mènent à tous les métiers du Web. Certaines orientent plus vers l'une des trois branches : design, développement et marketing. Les diplômes à bac + 3 - parfois appelés bachelors - peuvent mener à des postes de chef de projet, de développeur multimédia, de responsable marketing digital ou de consultant e-commerce. Quant aux écoles à bac + 5, elles affinent les profils afin d'en faire des managers et des chefs de projet.

Quels critères retenir pour repérer une formation sérieuse ?

- ☐ La notoriété et l'ancienneté de l'école, impliquant qu'elle ait fait ses preuves.
- ☐ L'insertion à la sortie. Ne pas hésiter à contacter les anciens élèves.
- ☐ La reconnaissance par les pros. Se renseigner sur les partenariats avec les entreprises du secteur.
- ☐ Le rattachement de l'école à un groupe d'écoles reconnu.
- ☐ La reconnaissance de l'établissement par l'État.
- ☐ L'enregistrement du titre au RNCP (Répertoire national des certifications professionnelles), ainsi que son niveau.

De nombreuses écoles d'informatique proposent aussi des formations au numérique.

LES ÉCOLES DE GRAPHISME *à la loupe*

Après le bac

→ En 2 à 5 ans

Après un bac + 2

→ En 1 à 3 ans

Les formations en design graphique se déroulent au sein d'écoles d'art, en majorité privées. Elles mènent à des diplômes nationaux ou d'écoles, selon le cas. Mieux vaut s'informer sur l'établissement avant de s'inscrire.

DES ÉCOLES PUBLIQUES TRÈS CONVOITÉES

50 écoles publiques délivrent des diplômes nationaux en design graphique: les écoles des beaux-arts qui mènent au DNA (diplôme national d'art) en 3 ans, puis au DNSEP (diplôme national supérieur d'expression plastique) en 2 ans; les écoles supérieures d'arts appliqués (Estienne, O. de Serres, Duperré, La Martinière Diderot...) qui préparent au BTS en 2 ans, puis au DSAA (diplôme supérieur d'arts appliqués) en 2 ans; l'Ensad qui délivre un diplôme propre en 5 ans. Ces écoles, aux frais de scolarité réduits (de 0 à 600 € par an), attirent beaucoup de candidats pour un nombre limité de places. D'où la sélection à l'entrée.

DES ÉCOLES PRIVÉES À DIFFÉRENTS NIVEAUX

Sélectives également, les écoles privées délivrent des titres d'écoles en 2 à 5 ans, reconnus pour certains par l'État, d'autres enregistrés au RNCP (Répertoire national des certifications professionnelles), ce qui renseigne sur le niveau de qualification atteint à la sortie. Certaines écoles jouissent d'une solide réputation dans la profession, comme l'Esag ou l'ECV, ce qui constitue un bonus pour l'emploi. Partout, la scolarité est chère: de 3000 € à 10000 € par an. Il est possible d'obtenir des bourses d'État dans les établissements reconnus.

ENTRE ART ET COMMUNICATION

Dessin d'observation, volume, couleur: tous les cursus commencent par l'acquisition des techniques d'expression plastique. Savoir dessiner est la clé pour aborder le design graphique. Autre axe majeur, la relation texte/image et la typographie, car le graphiste communique par le visuel. Pluridisciplinaires, les cursus abordent aussi bien l'édition que l'identité visuelle d'une entreprise (création de logo, signalétique...) ou la publicité. Et ce, sur tous les supports.

Repère

Publiques ou privées, les écoles d'art exigent des fournitures scolaires spécifiques. Papier, crayons, carnet de croquis, mais aussi ordinateur équipé de logiciels de création. Compter 500 € par an.

Info@

www.onisep.fr/ecoles_art Pour se repérer dans les différentes filières artistiques.

www.onisep.fr/book_artistique Pour découvrir le dossier de travaux artistiques.

Quel profil pour intégrer une école de graphisme ?

Le bac n'est pas toujours exigé. Quand il l'est, les profils L, ES et S ont autant de chances que les STD2A. Outre le dossier scolaire, les candidats doivent présenter un dossier de travaux artistiques personnels ou *book*. Ils auront à expliquer leur démarche au cours d'un entretien. L'accès aux écoles les plus cotées est parfois conditionné par la réussite à un concours (épreuves en arts plastiques, QCM de culture générale, dissertation…). Faire une année préparatoire artistique peut aider à acquérir cette nécessaire culture artistique.

Métiers du design, faut-il viser un niveau bac+3 ou bac+5 ?

Les diplômes à bac+2, +3 (BTS design graphique et DNA art, design ou communication) permettent de devenir assistant dans des sociétés d'édition ou des studios de création. Pour briguer un poste avec davantage de responsabilités, assorti d'une évolution de carrière plus rapide, il faut un bac+5 (DSAA design, DNSEP, diplôme de l'Ensad, certains titres d'écoles privées).

Écoles d'art, quelle place pour les nouvelles technologies ?

Les formations répondent à l'évolution des pratiques professionnelles en proposant des spécialisations ou modules centrés sur le multimédia, des cours sur l'édition numérique, la vidéo… Tous les cursus prévoient le maniement des logiciels de création graphique (Photoshop, InDesign, Illustrator…) et certaines écoles mettent des ordinateurs à la disposition des élèves. Objectif : apporter aux jeunes diplômés une nécessaire polyvalence et la maîtrise des outils technologiques.

Comment s'organise la pratique ?

Comprendre la demande d'un client, les attentes du lecteur/consommateur et apporter la meilleure réponse graphique s'acquiert avec la pratique. Les cursus s'appuient donc sur les stages et une pédagogie de projet, individuel et collectif, au sein d'ateliers de création. Les étudiants travaillent sur des commandes fictives ou réelles. Les cursus longs prévoient une réalisation en dernière année, présentée devant un jury de professionnels. L'apprentissage n'est, en revanche, pas très répandu dans ces écoles.

Retrouvez le BTS design graphique p. 72.

LES ÉCOLES DE JOURNALISME *à la loupe*

Après le bac

→ En 2 à 3 ans

Après un bac + 2/3

→ En 2 ans

Une partie des formations en journalisme se déroule au sein d'écoles spécialisées, publiques ou privées. À la clé, des diplômes nationaux ou des titres d'écoles. Partout, la sélection est de mise.

DES FORMATIONS EXIGEANTES

Sur la trentaine d'écoles, les deux tiers sont ouvertes aux bacheliers, les autres recrutent à bac+2 ou +3. Un niveau d'accès théorique puisque, dans les faits, les admis aux concours ont souvent un niveau de formation supérieur à celui demandé: bac+2 ou +3, là où le bac est requis; bac+4 ou +5, quand on exige un bac+3. La raison? Les écoles de journalisme sélectionnent les candidats sur leur connaissance de l'actualité, leur capacité à enquêter, à synthétiser des documents et à rédiger. Une maturité qui s'acquiert une fois dans l'enseignement supérieur et à la faveur de stages.

UN CURSUS PROFESSIONNALISÉ

Les formations en journalisme se déroulent en 2 ou 3 ans, avec de nombreux travaux concrets et stages. L'occasion pour l'étudiant de développer les compétences techniques essentielles au métier: pratique du reportage et de l'enquête, écriture journalistique, secrétariat de rédaction, prise de vues et de sons, montage vidéo ou sonore, conception-réalisation de journaux pour différents médias. S'y ajoutent des cours généraux (déontologie, droit de la presse, économie, géopolitique, anglais...) et une préparation à la recherche d'emploi.

POLYVALENCE RECHERCHÉE

Dans ces écoles, la polyvalence est de mise. Les journalistes doivent être capables de rédiger des articles, de les illustrer avec des photos, des vidéos, des sons, des infographies... Ils apprennent aussi à les mettre en forme pour un support écrit (donc à utiliser un logiciel de mise en pages), à les intégrer dans un *back-office* pour leur mise en ligne sur Internet, etc. Néanmoins, une spécialisation (presse écrite, radio, télé, Web) est souvent proposée en fin de cursus.

Dico

Pour obtenir la **carte de presse**, il faut justifier de 3 mois de travail consécutifs et prouver que plus de la moitié de ses revenus provient du journalisme (au moins 600 €).

Info@

www.onisep.fr/ecoles_journalisme
Pour en savoir plus sur les différentes formations.

Quelles sont les écoles reconnues par la profession ?

14 formations sont reconnues par la Commission paritaire nationale de l'emploi des journalistes (CPNEJ) : trois IUT (Lannion, Nice-Canne, Tours) ; cinq écoles privées (CFJ Paris, EJT Toulouse, ESJ Lille, IPJ Paris-Dauphine, Sciences Po Paris), délivrant des titres d'écoles ; six écoles publiques rattachées à des universités (Celsa Paris, Cuej Strasbourg, Ejcam Marseille, EJDG Grenoble, IFP Paris, Ijba Bordeaux), délivrant des masters. Leurs avantages ? Un solide carnet d'adresses, l'exclusivité de stages dans certains grands médias, l'assurance d'avoir à disposition du matériel technique adapté (caméras, logiciels de montage, de mise en pages, etc.), un diplôme apprécié des employeurs.

Et les autres écoles ?

Moins sélectifs, ces nombreux établissements privés recrutent en général après le bac, pour 3 ans d'études. Comme leurs diplômes ne sont pas toujours reconnus par l'État, il est important de se rendre aux journées portes ouvertes (JPO) avant de s'engager afin de visiter les locaux, d'évaluer le matériel disponible, de vérifier la part de la pratique et les modalités de stages, et de se renseigner sur le devenir des anciens élèves.

Quel est le coût des études ?

Dans les formations publiques (IUT, Celsa, Cuej, Ejcam, IFP, Ijba..), les droits d'inscription universitaires sont appliqués : en 2014, 184 € pour un DUT, 256 € pour un master. Sauf à l'EJDG qui propose un cursus avec l'IEP Grenoble (1300 € par an). Compter de 3000 € à 5000 € par an dans les écoles privées reconnues (qui offrent la possibilité d'obtenir des bourses), et jusqu'à 6500 € par an dans les écoles privées non reconnues. Suivre le cursus en apprentissage est possible dans plusieurs écoles (CFJ, ESJ Lille, IPJ, Cuej, Celsa et Sciences Po Paris).

Écoles de journalisme, un passage obligé ?

D'autres voies de formation sont possibles, et majoritaires. À l'université, le parcours commence par 3 années de licence (droit, économie, sciences, lettres, info-com, sciences humaines...), complétées par un master journalisme à bac + 5 apportant une spécialisation souvent pointue, notamment autour des technologies numériques. La majorité des instituts d'études politiques (IEP) en régions propose aussi des spécialisations qui débouchent sur des masters dans le secteur du journalisme.

PARCOURS D'ÉTUDES

À chacun son chemin

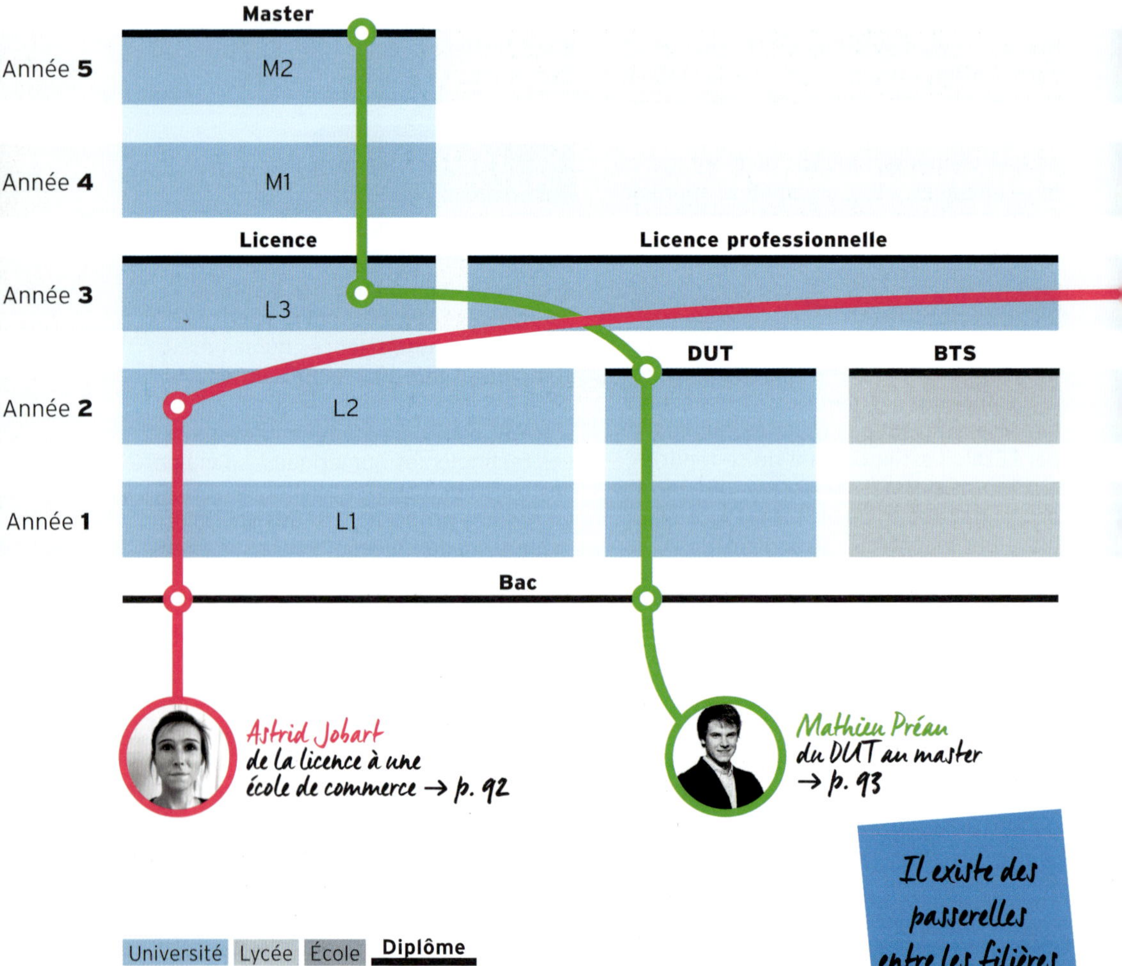

Il existe des passerelles entre les filières

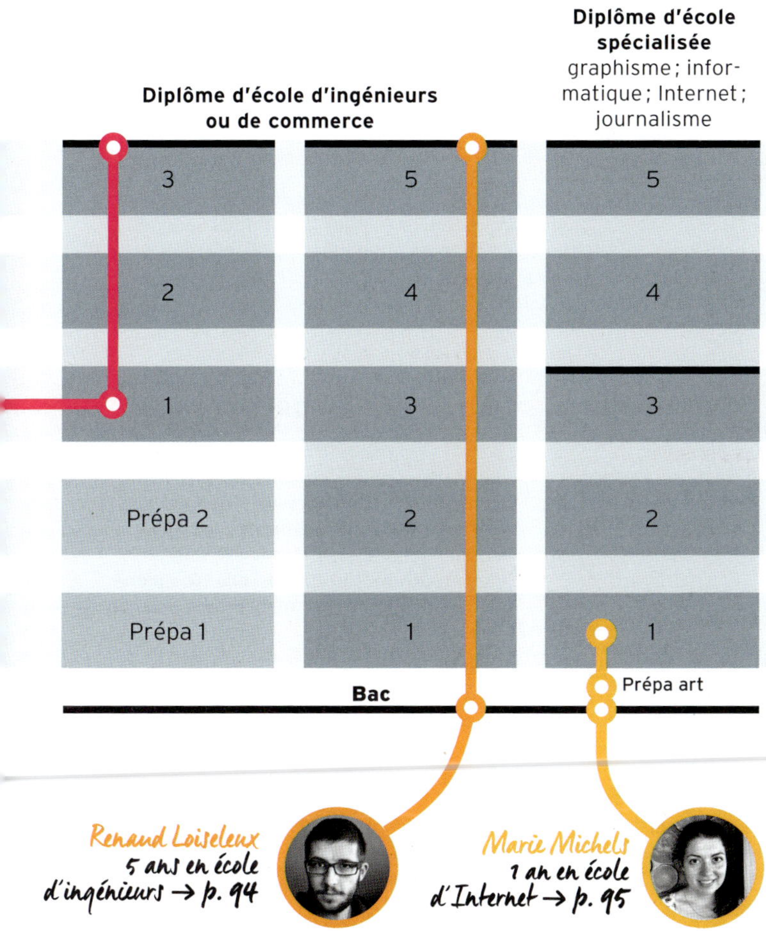

Lexique

BTS : brevet de technicien supérieur

DUT : diplôme universitaire de technologie

L : licence

M : master

VERS UNE ÉCOLE DE COMMERCE

« C'est en stage que j'ai découvert que le webmarketing m'intéressait. »
Astrid Jobard, 28 ans

1 LICENCE LEA

« Lors de ma terminale S, jamais je n'aurais imaginé aller en école de commerce », confie Astrid. Son goût pour les langues la conduit en licence LEA (langues étrangères appliquées), dont elle apprécie le contenu orienté vers l'entreprise. Mais très vite, les débouchés lui paraissent trop restreints.

2 RÉORIENTATION

Astrid se renseigne donc sur les écoles de commerce, qui ont plusieurs matières communes avec sa licence - les langues, l'économie, le droit - et qui restent des cursus généralistes. Car, si elle cherche des études plus pratiques, elle n'a qu'une vague idée du métier qu'elle veut exercer.

3 PRÉPA CONCOURS

Mais se préparer seule aux épreuves des admissions parallèles n'est pas évident. Elle peine à trouver les informations sur les concours. Astrid décide donc de suivre une préparation privée de 1 semaine, qui la met sur les bons rails. Elle se prépare intensivement à côté de sa L2. Et ça marche puisqu'elle décroche haut la main Grenoble EM, l'école la plus réputée de toutes celles qu'elle tentait.

4 PROJET PRO

En dernière année d'école, Astrid choisit la majeure stratégie Internet et management du Web. D'abord intéressée par les métiers des ressources humaines, elle change de cap à la suite d'un stage. *« J'avais choisi ce stage parce qu'il offrait une double mission : d'abord en RH, puis en webmarketing. Et j'ai découvert que ce second domaine m'intéressait beaucoup ! »*

Depuis sa sortie de l'école, Astrid est chef de projet webmarketing chez Equinoa, une agence web parisienne, et dirige deux personnes.

VERS UN MASTER

« J'ai profité des stages de master pour élargir mes compétences. »
Mathieu Préau, 26 ans

1 DUT ET TECHNIQUE

La passion de Mathieu pour la communication numérique lui est venue en préparant le DUT services et réseaux de communication option communication (actuel DUT métiers du multimédia et de l'Internet) : *« Après mon bac ES, j'y ai acquis un bagage technique poussé. Cependant, c'est une formation courte et les stages ne m'ont pas apporté une vision globale du secteur. »*

2 LICENCE ET THÉORIE

Mathieu rebondit alors avec une licence information et communication d'entreprise, plus théorique : *« Je savais réaliser un site web, mais j'éprouvais le besoin d'approfondir les principes de la communication. Associée au DUT, cette licence m'a donné les clés, sur les plans technique et informatif, pour effectuer une communication web. »*

3 MASTER ET OUVERTURE

Le master intelligence économique et communication stratégique de Poitiers, effectué ensuite, lui permet d'étudier les ressorts de l'e-réputation. *« J'ai profité du stage de master 1 pour élargir mes compétences »*, se souvient Mathieu. Pendant 6 mois, il s'initie en effet au webdesign et au motion design chez Marcel, l'agence web du groupe Publicis : *« J'y ai appris des codes visuels et des techniques, utiles notamment lorsque je présente un projet à un client. »*

4 STAGE VERS L'EMPLOI

Son stage de master 2 est tout aussi fructueux, puisque Mathieu l'effectue chez Reputation Squad qui l'embauche dans la foulée : *« J'ai été séduit par les missions, l'ambiance de travail et l'équipe. »*

2 ans après, Mathieu est chef de projet web et met en place pour l'agence des stratégies de communication et de veille pour des personnalités, des sociétés et des administrations.

VERS UNE ÉCOLE D'INGÉNIEURS

« Une école d'ingénieurs en informatique pour un large choix de métiers. »

Renaud Loiseleux, 23 ans

1 AMATEUR DU WEB

Renaud est un passionné du Web de la première heure. Pendant son bac S, il crée avec un copain un site Internet de jeux basés sur les mots et l'écriture. L'occasion d'apprendre les principes du développement grâce à des tutoriels sur des sites spécialisés.

2 ÉCOLE TÉLÉCOM

Déjà très intéressé par les métiers du numérique en terminale, le lycéen se renseigne sur les écoles spécialisées. *« Mais je trouvais ces cursus trop pointus et ne me voyais pas passer ma carrière à coder. J'ai préféré viser une école d'ingénieurs en informatique, qui ouvrait sur un champ plus large de métiers. »* Il postule alors à Télécom Lille, une école post-bac accessible sur concours commun.

3 SOCLE INFORMATIQUE

Pendant sa formation d'ingénieur, Renaud acquiert des outils informatiques utiles pour le Web. Il choisit des cours de spécialisation en développement, architecture, systèmes d'information et multimédia.

4 MISSIONS DE TERRAIN

Ses stages, notamment celui en agence web à Barcelone, affûtent son assise technique. Quant à son projet de fin d'études chez Worldline, dans la téléphonie par Internet, il constitue un vrai challenge : *« J'ai appris un nouveau langage et j'étais seul à mener le projet. »* À côté, Renaud réalise plusieurs missions web pour la junior-entreprise de l'école : *« Rencontrer les clients pour leur proposer des prototypes est très formateur. »*

Ces expériences portent leurs fruits : à peine diplômé, Renaud vient d'obtenir une mission de 1 an à Bombay, pour faire le lien entre l'équipe de développement web en Inde et la France.

VERS UNE ÉCOLE D'INTERNET

« Je n'avais jamais pensé au Web, ça a été un coup de chance. »

Marie Michels, 20 ans

1 PRÉPA ART

Une carrière artistique : c'est l'orientation que vise Marie à la sortie de son bac ES. Elle se dirige tout naturellement vers une prépa qui doit la mener en 1 an à une école d'art. Si elle y apprend beaucoup, elle doute de son orientation : *« Pour moi, il y avait trop de liberté, je recherchais une formation où les profs étaient plus présents. »*

2 SALON DÉCISIF

Lors d'un salon, elle découvre l'une des jeunes écoles d'Internet, la Web School Factory. *« Ça a été un coup de chance. Je n'avais jamais pensé au Web, mais je me suis aperçue que cette école me correspondait vraiment. »* Elle finit sa prépa et tente tout de même une école d'art, axée sur le design.

3 SÉLECTION RÉUSSIE

L'heure de la sélection pour son école web arrive. *« À ce moment-là, c'était un oral, axé sur la personnalité du candidat, destiné à évaluer la motivation. De mon côté, j'étais convaincue par leur pédagogie innovante. »* Marie intègre la 2e promo de l'étalissement : 60 élèves, du bachelier à l'ancien étudiant de médecine.

4 PLUTÔT DESIGN

Développement, business ou design ? C'est dans cette dernière branche que Marie veut se lancer. *« Grâce à mes études d'art, je connaissais déjà Photoshop et des logiciels de montage vidéo. Et encore aujourd'hui, quand je travaille sur un projet web, je commence avec du papier et un crayon. »*

5 MÉTIER DE DEMAIN

La jeune étudiante se dit certaine de trouver un emploi au sortir de ses 5 ans d'école. Mais lequel ? *« On nous forme pour être des managers du Web. C'est un secteur qui évolue tellement vite que le métier que j'exercerai n'existe peut-être même pas encore ! »*

EMPLOI

LES ENTREPRISES DU WEB

Entreprises développant une activité totalement ou partiellement sur Internet, prestataires de services... tous les secteurs de l'économie, ou presque, recrutent des spécialistes du digital.

LES *PURE PLAYERS*

Souvent des *start-up* à l'origine, les *pure players* sont des entreprises qui exercent leur activité uniquement sur Internet. Les plus emblématiques : les messageries et portails (Auféminin, Google, Yahoo !), les réseaux sociaux (Facebook, Twitter), les sites de services et d'information en ligne (Mediapart, Rue89) et de partage de contenus (Dailymotion, YouTube). Quant aux *pure players* du commerce en ligne (qui n'ont pas de boutique), ils se multiplient dans tous les secteurs (tourisme, habillement, produits culturels...).

LES AGENCES SPÉCIALISÉES

Ces prestataires spécialisés vendent leur expertise digitale à d'autres entreprises. Ce sont souvent de petites structures qui adaptent leurs effectifs au nombre de projets remportés, et recourent fréquemment aux travailleurs en *free-lance*.

Les agences web gèrent les aspects techniques et marketing de la création de sites (architecture, maintenance, hébergement...). Les agences de conseil en communication guident les entreprises dans l'organisation de leur campagne de publicité ou leur stratégie marketing en ligne. Agences médias, régies publicitaires, agences de référencement, éditeurs de solutions d'e-mailing, agences de design et studios complètent le paysage.

LES PRESTATAIRES TECHNIQUES

Entreprises et agences web sous-traitent parfois la partie technique de leurs projets web à des prestataires - notamment des entreprises de services du numérique (ESN) comme Atos ou Capgemini, et des éditeurs de logiciels - pour la maintenance du site et du *back-office* ou pour développer des applications.

Les opérateurs de télécommunications (Bouygues, Free, Orange, SFR, etc.) exploitent quant à eux les réseaux et travaillent de plain-pied dans, avec et pour l'innovation Internet : technologie de téléphonie mobile, connexion Internet haut débit, fibre optique.

LES ENTREPRISES TRADITIONNELLES

Des banques aux géants industriels en passant par les commerçants, les groupes de presse ou le secteur public, presque toutes les entreprises, associations et collectivités développent aujourd'hui une stratégie web. Essentiellement pour avoir un canal de distribution de leurs produits ou un outil de communication avec leurs clients ou leurs partenaires.

EN *FREE-LANCE*

Développeurs, administrateurs réseaux, graphistes, webmasters, webdesigners, chefs de projet... dans le Web, ils sont plus nombreux que dans d'autres secteurs à faire le choix d'exercer en *free-lance*, c'est-à-dire en indépendant, après quelques années d'expérience en entreprise.

Les sociétés de services, les agences web ou les entreprises les recrutent pour leurs compétences spécifiques dans le cadre d'une mission précise, qui peut durer de quelques semaines à plus de 1 an. Se mettre à son compte permet une liberté dans le choix des projets et de ses horaires de travail, mais implique de prospecter soi-même de nouveaux clients.

© ISTOCK

LES COMPÉTENCES ATTENDUES

Avoir le « bon » profil pour rejoindre les métiers de la Toile, cela s'anticipe. Une culture web, la maîtrise de l'anglais et d'un langage informatique… passage en revue.

Langues
English spoken

Plus que tout autre secteur, le Web traverse les frontières et se conçoit au niveau international. Les WWW de *World Wide Web* qui initient les adresses Internet en sont le reflet. La plupart des innovations naissent en anglais et nombre de sites d'information consacrés à Internet sont dans cette langue. Pas besoin d'être bilingue, mais il faut maîtriser l'anglais technique. *« Toutes les documentations sont en anglais, tout comme les certifications que l'on peut passer, et les cours qui y préparent. On travaille beaucoup avec l'Inde, la Pologne…*, explique Grégory Le Bras, ingénieur réseaux. *Je suis régulièrement contacté par le support situé aux États-Unis, parfois au milieu de la nuit. C'est alors en anglais qu'il faut comprendre le problème et mettre en œuvre les moyens de le résoudre ! »*

Polyvalence
Pour mieux se comprendre

Les pros d'Internet ont des fonctions très liées. Résultat : les différents intervenants sur un projet doivent en comprendre les enjeux, intégrer les contraintes des autres métiers et parler un langage commun. On attend d'un informaticien qu'il ait assimilé la dimension marketing, d'un communicant qu'il soit aguerri aux outils du Web, etc. Une polyvalence parfois poussée à l'extrême dans une *start-up* ou une PME (petite et moyenne entreprise) où, selon François Adoue, directeur de l'Observatoire international des métiers de l'Internet, on apprécie le profil *« à la fois webdesigner pour créer le site, webmarketeur pour développer l'audience, et community manager pour animer les interventions des internautes ».*

On peut se former aux technologies informatiques grâce à des tutoriels ou sur des forums.

© 710/ ISTOCK

Langages informatiques
Un plus pour tous

HTML mais aussi Python, Ruby ou encore J2EE... indispensables pour les postes techniques, les langages informatiques s'avèrent importants pour tous les profils, du webdesign au webmarketing. *« C'est un plus indéniable sur un CV,* souligne Stéphanie Delestre, directrice du site de recrutement en ligne QAPA. *Cela permet aussi d'être autonome pour pouvoir juste réaliser une* newsletter *par exemple. »* Si nombre de professionnels avouent qu'ils n'ont pas appris à l'école les outils sur lesquels ils travaillent aujourd'hui, tous insistent sur l'indispensable curiosité à avoir pour s'autoformer en permanence.

Veille sectorielle
Rester au top

Quoi de plus mouvant que la sphère Internet ? Et de plus concurrentiel ? *« Si on ne met pas à jour ses connaissances, on ne sert à rien »* résume Astrid Jobard, chef de projet webmarketing. Par conséquent, il faut effectuer une veille permanente sur l'actualité du Web, l'évolution des réseaux sociaux, les standards technologiques, les dernières tendances et les outils innovants... *« On ne peut se reposer sur ses acquis. Le marché évolue tous les 3 mois, et ce qui marche très bien peut disparaître demain, au profit de quelque chose d'inconnu aujourd'hui,* prévient Jean-François Grang, responsable de l'offre mobilité en cabinet de conseil. *L'important n'est pas seulement d'innover, il faut avoir un temps d'avance sur les autres, être au courant de ce qui se passe, se fait, se dit... »*

Mobilité
À l'aise avec le changement

Autre caractéristique du Web : une mobilité professionnelle plus grande qu'ailleurs. *« Les cadres d'Internet sont amenés à changer plus vite et plus souvent de qualification et de poste que dans d'autres secteurs,* constate Pierre Cannet, délégué général du Club des DRH du Net. *C'est encore plus vrai dans les start-up où les changements sont plus importants que dans le département web d'une entreprise bien installée. »* Il faut alors témoigner d'une ouverture d'esprit, savoir se remettre en question, s'adapter à un environnement nouveau, apprendre vite... Cumuler des stages ou effectuer un séjour à l'étranger peut être une bonne expérience pour les futurs prétendants au Web.

LES TENDANCES DU RECRUTEMENT

Irriguant toute l'économie et porté par des innovations permanentes, le numérique est l'un des secteurs qui créent encore des emplois. Et fait la part belle aux jeunes diplômés.

Un secteur dynamique

Le Web est utilisé dans tous les secteurs d'activité et repose sur des technologies qui évoluent sans cesse, deux caractéristiques qui en font un créneau porteur. Les innovations requièrent en effet des compétences spécifiques qui font évoluer en permanence les métiers existants ou en créent de nouveaux. L'UX designer et le data scientist, par exemple, n'existaient pas il y a quelques années. Conséquence : les embauches et les créations de postes s'en trouvent alimentées, commerce électronique et Internet mobile en tête.

Représentant aujourd'hui 27 % des effectifs, les femmes atteindraient 40 % d'ici 2020.
Source : Syntec numérique.

Informaticiens et webmarketeurs en première ligne

Derrière un site d'e-commerce ou une application mobile se cachent des spécialistes de l'informatique pour écrire le code informatique, exploiter des bases de données et assurer le bon fonctionnement des réseaux. Le Web recrute donc constamment des compétences techniques, et les développeurs sont très demandés.

Autre enjeu crucial dans cette ère numérique : une bonne visibilité sur la Toile. Afin d'optimiser leur présence sur le Net ou de mettre en valeur une application mobile sur les magasins virtuels d'application, les entreprises font de plus en plus appel aux professionnels du webmarketing : référenceurs, community managers, traffic managers, consultants web analytique...

Postes moins répandus et candidats plus nombreux obligent, l'accès à l'emploi est moins aisé pour les créatifs du Net et pour les spécialistes de l'information (data journaliste, responsable éditorial...).

36000

C'est le nombre de créations nettes d'emploi attendues d'ici 2018.

Source : Syntec numérique, étude 2013.

Des emplois concentrés en Ile-de-France

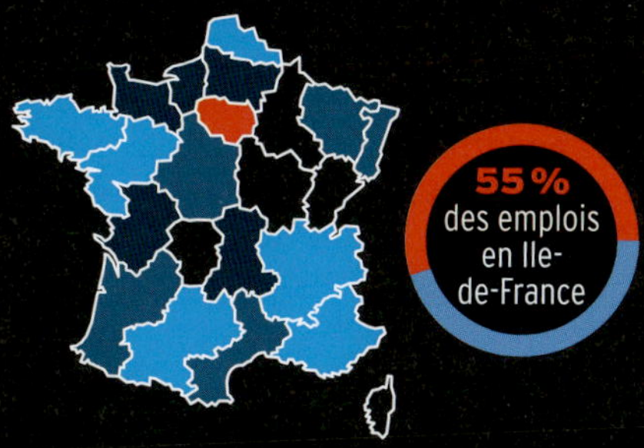

- 0 à 2000 emplois
- 2000 à 3000 emplois
- 3000 à 11000 emplois
- 11000 à 34000 emplois
- 204000 emplois

Source : Syntec numérique, chiffres et données 2013.

27,5 %

des travailleurs du numérique ont moins de 30 ans.

Source : Syntec numérique, étude 2010.

Bac + 5 et double compétence bienvenus

Si les métiers d'Internet recrutent des diplômés de bac + 2 à bac + 5 en passant par des bac + 3, 80 % des postes à pourvoir sont de niveau bac + 5 (selon le Syntec numérique). Parmi les filières représentées : écoles d'ingénieurs, de commerce, d'informatique, d'Internet ou d'arts appliqués, masters universitaires...

Les métiers et technologies évoluant en permanence, il est difficile pour les formations d'être parfaitement en phase. Plus qu'un diplôme précis, les recruteurs cherchent donc des « profils » ayant de préférence une double compétence. On attend des profils techniques ou rédactionnels présentant une ouverture au marketing, et des profils marketing et créatifs possédant la maîtrise des outils web. Une double compétence qui peut s'acquérir en se spécialisant après un parcours généraliste, en diversifiant ses approches au sein d'une école d'ingénieurs ou de commerce, etc.

Place aux jeunes !

À la différence de certains secteurs, Internet fait la part belle aux jeunes recrues. *« Comme ces métiers n'existaient pas il y a 5 ans, les recruteurs ne peuvent attendre des candidats qu'ils aient plusieurs années d'expérience sur un poste similaire,* explique Laurent Blanchard, directeur exécutif de Page Personnel. *De plus, ils sont les plus susceptibles d'avoir suivi une formation en rapport avec le poste et d'avoir la culture web recherchée par l'entreprise. »*

MES DÉBUTS EN AGENCE DE MARKETING DIGITAL

Alexandre Conca,
consultant en référencement payant

CV

- DUT génie électrique et informatique industrielle (GEII)
- Licence professionnelle métiers du commerce industriel à Paris 11
- Diplôme (bac+5) d'Hétic, école d'Internet, avec dernière année en alternance

Recruté juste après sa formation par l'agence de marketing digital Awe, Alexandre n'arrivait pas en terre inconnue. Il connaissait bien l'équipe pour y avoir effectué un stage, suivi d'une année en alternance. Depuis, ce jeune consultant de 25 ans achète des espaces publicitaires sur Google pour des entreprises qui souhaitent accroître leur notoriété ou doper leurs ventes.

Des stages bien choisis

Très intéressé par tout ce qui concerne l'acquisition de trafic sur Internet, Alexandre oriente son premier stage vers une mission de référencement naturel. *« Cela m'a ouvert des portes, car c'est une étape quasi obligatoire avant de travailler sur du référencement payant »*, explique-t-il.

L'alternance, un prérecrutement

Pour candidater à un poste d'apprenti chez Awe, les arguments ne manquent pas. L'étudiant y a effectué son stage précédent et son futur tuteur est diplômé de la même école que lui. Atout maître, il maîtrise Excel, outil indispensable dans son métier. Une fois dans la place, il a l'occasion de faire ses preuves : *« Mon tuteur a quitté ses fonctions en milieu d'année en me transmettant ses responsabilités. »* Mission réussie pour le jeune homme, qui décroche dans la foulée un CDI au salaire attractif.

Monter en compétence

Établir une relation de confiance avec ses clients ne lui a pas causé de difficultés : *« Au cours de mes formations antérieures, j'ai assuré des fonctions commerciales. J'ai aussi été responsable commercial de la junior-entreprise de mon école. »*

Son conseil !

« Quand on fait ses premiers pas en entreprise, il faut montrer que l'on est opérationnel avant de demander plus de responsabilités. Ensuite, mieux vaut être force de proposition si l'on veut prendre du galon. »

MES DÉBUTS DANS UNE *START-UP*

Sarah Cherruault,
cofondatrice de la start-up Auticiel

CV

Télécom École de management

« J'étais persuadée qu'il fallait avoir une première expérience pour créer une entreprise ! » avoue Sarah. Elle a pourtant fondé une *start-up*, Auticiel, tout en poursuivant ses études en école de commerce. L'idée de cette entreprise est née d'une rencontre. Une association de parents d'autistes qui lui fait part de son besoin en outils numériques pour l'éveil des enfants.

Son conseil !

« L'intérêt de fonder une start-up, *c'est de travailler dans une entreprise qui nous ressemble. La magie d'Internet, c'est que n'importe qui avec quelques compétences peut se lancer. »*

Se distinguer

Sarah participe alors au challenge annuel Projet d'entreprendre, un concours de projets de création d'entreprises innovantes. Elle rencontre des orthophonistes, ergothérapeutes et psychologues, et développe le *business plan* de sa *start-up* avec une équipe de cinq personnes. Et remporte ce challenge. C'est dans le cadre d'un « hackathon » qu'elle développe ensuite Autimo, une application sur tablette toujours à destination des enfants autistes.

Se lancer

Dans la foulée, la jeune femme intègre un accélérateur de *start-up*, Le Camping, *« un peu comme une classe prépa des entrepreneurs »*... Sarah et son équipe travaillent pendant 6 mois pour être en mesure de présenter le projet. Pari réussi : elle obtient des financements d'entreprise et lance officiellement sa *start-up* à 23 ans.

Prospérer

Aujourd'hui, Sarah est chez l'incubateur Paris Pionnières, une structure d'accompagnement : *« On organise un point régulièrement pour poser la stratégie, faire un rapport sur les ventes, le plan communication... »* Avec son équipe, elle continue à développer des applications. *« Maintenant que l'entreprise est lancée, il faut la faire prospérer ! »* conclut-elle.

{EPITECH.}
L'ECOLE DE L'INNOVATION ET DE
L'EXPERTISE INFORMATIQUE
Devenez un {expert}
incontournable de l'univers du numérique
et de l'informatique
VENEZ NOUS RENCONTRER POUR
LES JOURNÉES PORTES OUVERTES
BORDEAUX / LILLE / LYON / MARSEILLE / MONTPELLIER / NANCY / NANTES /
NICE / PARIS / RENNES / STRASBOURG / TOULOUSE
Incrivez-vous dès maintenant : www.epitech.eu/decouverte
Titre d' Expert (e) en Technologies de l'Information, code NSF 326n, Certification Professionnelle de niveau I (Fr) et de niveau 7 (Eu)
enregistrée au RNCP par arrêté du 12 août 2013 publié au J.O. le 27/08/2013

GUIDE PRATIQUE

PRÉPARER SON ENTRÉE DANS LE SUPÉRIEUR

Dès la classe de 1re, commencez à construire votre parcours étape par étape.

Classe de 1re

SEPTEMBRE À DÉCEMBRE

→ Engagez le **dialogue** avec l'équipe éducative de votre établissement (professeur principal, conseiller d'orientation psychologue, etc.).

→ Participez aux **actions d'orientation et d'information** organisées dans votre lycée.

→ Profitez des **salons d'orientation** ou des **conférences thématiques** organisés dans votre région pour démarrer la réflexion en famille, en parallèle de l'accompagnement effectué en classe.

→ Sur **www.onisep.fr**, consultez ***Après le bac, choisir ses études supérieures*** de votre région. Outre une présentation des filières du supérieur, il permet de repérer les manifestations souvent destinées à la fois aux élèves de 1re et de terminale, et de parcourir toute l'offre de formation dans votre académie, avec indication des cursus publics et privés. Pour une information plus approfondie sur telle ou telle filière, consultez l'onglet « Après le bac » sur **www.onisep.fr**. Un traitement bac par bac vous est également proposé.

→ Pour une réflexion autour de vos centres d'intérêt et le choix de votre formation, prenez rendez-vous dans le **centre d'information et d'orientation (CIO)** le plus proche de chez vous.

DÉCEMBRE À FÉVRIER

→ Universités, centres de formation d'apprentis (CFA), écoles… tous les établissements organisent certains week-ends des **journées portes ouvertes (JPO)** destinées aux lycéens.

Retrouvez les dates des journées portes ouvertes sur www.onisep.fr, dans l'espace de votre région ou sur le site de votre rectorat.

→ Des **journées d'immersion** permettent également d'aller seul ou avec sa classe à la découverte des universités. C'est l'occasion de rencontrer étudiants et enseignants, suivre certains cours, percevoir l'ambiance de travail. Une découverte à poursuivre ensuite en terminale.

→ L'accès à l'immense majorité des places dans le supérieur est régi par la **procédure nationale d'admission post-bac**. Renseignez-vous sur les modalités, le calendrier, etc.

Classe de terminale

SEPTEMBRE À DÉCEMBRE

→ En préparation des inscriptions, repérez sur **www.onisep.fr_APB** les filières dont l'inscription s'effectue *via* la procédure Admission post-bac.

→ **Inscription hors APB.** Le portail Admission post-bac ne concerne pas certaines formations. Il vous faut alors prendre contact directement avec les établissements concernés pour connaître les dates et les modalités d'inscription. C'est le cas, en 2015, pour les inscriptions en bi-licences à l'université, en instituts d'études politiques (IEP), à certaines écoles d'ingénieurs, à certaines écoles d'art publiques, à certains centres de formation d'apprentis (CFA), aux établissements privés hors contrat. Plus d'info sur **www.onisep.fr/hors_APB**.

→ Pour des interrogations précises autour d'une filière d'études, n'hésitez pas à poser toutes vos questions par courrier électronique, chat ou téléphone aux conseillers de l'Onisep *via* son service **www.monorientationenligne.fr**.

DÉCEMBRE À MARS

→ Sur **www.onisep.fr**, consultez ***Après le bac, choisir ses études supérieures*** de votre région. Faites une première sélection à partir de cet outil avant d'effectuer vos vœux sur le site **www.admission-postbac.fr** dès janvier, ou directement auprès des établissements dans certains cas.

→ Si vous visez une formation **en apprentissage**, c'est également la période idéale pour postuler auprès des entreprises, sans lesquelles aucun contrat ne peut être signé.

→ Complétez cette exploration avec des **visites d'établissements** qui vous permettront d'affiner vos choix et de vous aider à classer les filières d'études par ordre de préférence.

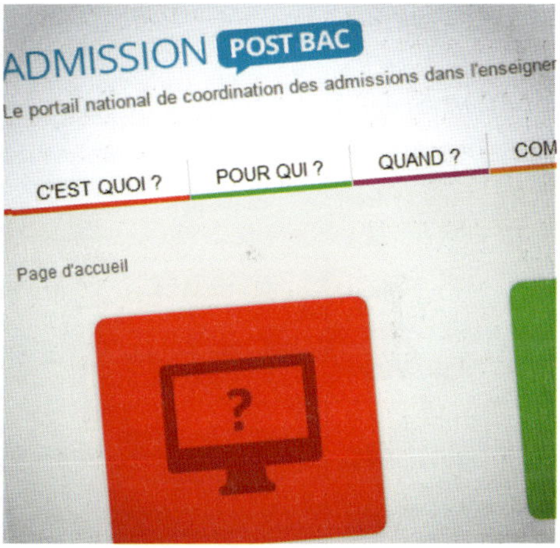

→ Le site **www.admission-postbac.fr** permet aux élèves de terminale d'effectuer des demandes d'inscription dans plusieurs filières du supérieur et de simplifier ainsi les démarches. Dès le mois de décembre, vous y retrouvez la liste des formations concernées, le calendrier et les différentes étapes à respecter, les profils particuliers (déjà bachelier, bac à l'étranger). Pour ceux qui visent l'université, vous devez aussi y effectuer une demande de conseil pour des licences visées (dite « d'orientation active »).

COMPARER LES FILIÈRES

BTS, DUT, licence, école... ? Reportez-vous à ce tableau pour découvrir d'un coup d'œil les caractéristiques des principales filières citées dans la publication.

	BTS	DUT	Licence pro	Licence
Reconnaissance	Diplôme national	Diplôme national	Diplôme national	Diplôme national
Établissement	Section de techniciens supérieurs, en lycée ou en école	Institut universitaire de technologie, à l'université	Université	Université
Niveau d'admission	Bac	Bac	Bac + 2	Bac
Durée des études	2 ans	2 ans	1 an	3 ans
Accès	Sur dossier, parfois entretien	Sur dossier, parfois entretien	Sur dossier et entretien	Pas de sélection en L1, mais avoir un profil cohérent
Stages	12 semaines	10 à 16 semaines	12 à 16 semaines	Facultatifs le plus souvent
Apprentissage	Oui (offre variable selon les spécialités)	Oui (offre variable selon les spécialités)	Oui (offre variable selon les spécialités)	Très rare
Validation	Examen final avec une part de contrôle continu	Contrôle continu	Contrôle continu et/ou examen final	Contrôle continu et/ou examen final
Coût annuel de la scolarité*	Gratuit dans le public, variable dans le privé	184 €	184 €	184 €
Poursuite d'études	Pour 53 % des étudiants, mais variable selon les spécialités	Pour 82 % des étudiants	Pour environ 20 % des étudiants	Le plus souvent, essentiellement en master

Master	CPGE	Diplôme d'ingénieur	École de commerce
Diplôme national		Diplôme habilité par la CTI**	Reconnaissance variable selon les écoles
Université	Lycée	École d'ingénieurs	École de commerce
Licence	Bac	Bac ou bac + 2	Bac ou bac + 2
2 ans	2 ans (redoublement possible en 2de année)	3 à 5 ans, selon le niveau d'admission	3 à 5 ans, selon le niveau d'admission
Sur dossier et entretien en M2, voire M1	Sur dossier	Sur épreuves, ou sur dossier et entretien	Sur concours
4 à 6 mois	Non	28 semaines au minimum pendant le cycle ingénieur	Environ 10 mois en cycle master
Oui (offre variable selon les spécialités)	Non	Oui (offre variable selon les écoles)	Oui (offre variable selon les écoles)
Contrôle continu et/ou examen final	Contrôle continu pour passer en 2de année	Contrôle continu	Contrôle continu
256 €	Gratuit dans le public, variable dans le privé	610 € dans la majorité des écoles publiques ; jusqu'à 8 000 € dans les écoles privées	9 000 € en moyenne
Variable selon les spécialités	Concours pour intégrer les grandes écoles	Pour 16 % des diplômés (master, MS, doctorat)	Plus fréquente à bac + 3 qu'à bac + 5

BTS : brevet de technicien supérieur ; CPGE : classes préparatoires aux grandes écoles ; DUT : diplôme universitaire de technologie ; MS : mastère spécialisé.
* Coûts pour l'année 2014-2015.
** Commission des titres d'ingénieur.

CARNET D'ADRESSES DES FORMATIONS

Toute l'info sur les formations et les établissements est mise à jour sur **www.onisep.fr**.

Sommaire

Pour les écoles de commerce et de graphisme, consultez **www.onisep.fr**.

BTS

Sont présentés ici les deux brevets de technicien supérieur les plus directement adaptés aux métiers du Web.
Pour retrouver les autres spécialités qui peuvent mener à une spécialisation web, consultez **www.onisep.fr**.

DESIGN GRAPHIQUE

Option communication et médias numériques

06 **Nice** Ilec 04 92 17 33 10 **Pr Hc**
13 **Aix-en-Provence** Esdac 04 42 91 66 90 **Pr Hc**
15 **Aurillac** Lycée de la communication Saint-Géraud 04 71 48 28 18 **Pr Sc**
16 **Angoulême** Lisa 05 45 61 95 00 **Public**
18 **Bourges** Estacom 02 48 67 55 56 **Consulaire**
25 **Besançon** CFA académique 03 81 48 12 30 **CFA** A
29 **Quimper** Lycée Le Paraclet 02 98 55 54 38 **Pr Sc**
31 **Labège** Esarc - ESGCF 05 61 39 97 98 **Pr Hc**
31 **Labège** Studio M 05 62 24 02 30 **Pr Hc**
31 **Toulouse** Lycée des Arènes 05 62 13 10 00 **Public**
33 **Mérignac** École supérieure d'arts appliqués et multimédia Écran 05 56 12 40 56 **Pr Hc**
34 **Montpellier** Esma 04 67 63 01 80 **Pr Hc**
34 **Montpellier** IFC 04 67 65 50 85 **Pr Hc**
34 **Montpellier** Lycée Jean Monnet 04 67 10 36 00 **Public**
34 **Pérols** IEMF'3D 04 67 07 50 00 **Pr Hc**
35 **Rennes** Lycée Bréquigny 02 99 86 82 00 **Public**
37 **Chambray-lès-Tours** Lycée Sainte-Marguerite 02 47 74 80 00 **Pr Sc**
38 **Grenoble** Institut Univeria 04 76 46 00 47 **Pr Hc**
38 **Villefontaine** Lycée Léonard de Vinci 04 74 96 44 55 **Public**
41 **Blois** École des techniques de l'image de communication 02 54 57 25 25 **Consulaire**
44 **Nantes** Lisaa 02 40 20 30 50 **Pr Hc**
49 **Angers** EEGP L'École des créatifs 02 41 88 24 50 **Pr Hc**
51 **Châlons-en-Champagne** CFA interprofessionnel de la Marne 03 26 69 25 85 **CFA** A
51 **Reims** Lycée Saint-Jean-Baptiste de la Salle 03 26 77 17 00 **Pr Sc** A
52 **Chaumont** Lycée Charles de Gaulle 03 25 32 54 55 **Public**
59 **Marcq-en-Barœul** École Kienz 03 20 72 62 02 **Pr Hc**
59 **Roubaix** Esaat 03 20 24 27 77 **Public**
67 **Illkirch-Graffenstaden** Lycée Le Corbusier 03 88 66 87 66 **Public**
69 **Lyon** Bellecour école 04 78 92 92 83 **Pr Hc**
69 **Lyon** École de Condé 04 78 42 92 39 **Pr Hc**
69 **Lyon** SEPR 04 72 83 27 27 **Pr Sc**
69 **Villeurbanne** AFIP Formations 04 78 37 81 81 **Pr Hc**
75 **Paris** Autograf 01 43 70 00 22 **Pr Hc**
75 **Paris** CFA Cerfal 01 40 52 28 70 **CFA** A
75 **Paris** COM_ART 01 83 96 86 86 **Pr Hc**
75 **Paris** École de Condé 01 53 86 00 22 **Pr Hc**
75 **Paris** École Estienne 01 55 43 47 47 **Public**
75 **Paris** ENSAAMA Lycée Olivier de Serres 01 53 68 16 90 **Public**
75 **Paris** EPMC La Ruche 01 42 08 84 83 **Pr Hc**
75 **Paris** Esic 01 53 90 15 20 **Pr Hc**
75 **Paris** Icoges 01 45 58 17 33/01 55 26 95 70 **Pr Hc**
75 **Paris** Lycée l'Initiative 01 53 38 44 10 **Pr Sc**
75 **Paris** Plus Values, site Paris Ouest 01 45 61 25 25 **Pr Hc**
76 **Rouen** Lycée Jeanne d'Arc 02 32 08 10 00 **Public**
78 **Le Chesnay** Lycée Blanche de Castille 01 39 23 14 30 **Pr Sc** A
83 **Toulon** Lycée Tourrache 04 94 22 81 13 **Consulaire**
85 **Montaigu** Lycée Léonard de Vinci 02 51 45 33 00 **Public**
86 **Poitiers** Isfac 05 49 60 39 30 **Pr Hc**
91 **Orsay** Institut supérieur de commerce et d'informatique d'Orsay 01 69 86 90 41 **Pr Hc** A
92 **Boulogne-Billancourt** Lycée Jacques Prévert 01 41 31 83 83 **Public**
92 **Malakoff** EMC 01 46 55 39 19 **Pr Hc**
93 **Bagnolet** CFA des métiers de la communication visuelle et du multimédia 01 55 82 41 51 **CFA** A
93 **Montreuil** Cifacom 01 41 72 08 32 **Pr Hc**
93 **Montreuil** Lycée Eugénie Cotton 01 48 58 79 97 **Public**
93 **Montreuil** Plus Values site Paris Est 01 48 70 07 00 **Pr Hc**
93 **Noisy-le-Grand** CFA Gobelins l'école de l'image 01 48 15 62 16 **Consulaire** A

A : apprentissage proposé
CFA : centre de formation d'apprentis
Pr Hc : privé hors contrat
Pr Sc : privé sous contrat

BTS (suite)

SERVICES INFORMATIQUES AUX ORGANISATIONS

Option 1 : solutions d'infrastructure, systèmes et réseaux
Option 2 : solutions logicielles et applications métiers

01 Bourg-en-Bresse Lycée Joseph-Marie Carriat 04 74 32 18 48 **Public** opt 1, opt 2
02 Laon Lycée Paul Claudel 03 23 26 22 60 **Public** opt 1, opt 2
03 Cusset Cité scolaire Albert Londres (lycée) 04 70 97 25 25 **Public** opt 1, opt 2
05 Gap Lycée Dominique Villars 04 92 52 26 91 **Public** opt 1, opt 2
06 Cannes Institut libre d'études commerciales 04 97 06 64 51 **Pr Hc** opt 1, opt 2
06 Nice CFA régional InfoSuPACA 04 93 19 41 21 **CFA** opt 1 **A**, opt 2 **A**
06 Nice Ilec 04 92 17 33 10 **Pr Hc** opt 1, opt 2
06 Nice INNOFORM 04 93 87 00 02 **Pr Hc** opt 2
06 Nice Lycée Honoré d'Estienne d'Orves 04 93 97 12 00 **Public** opt 1, opt 2
08 Charleville-Mézières Lycée Monge 03 24 52 69 69 **Public** opt 1, opt 2
11 Carcassonne Lycée Paul Sabatier 04 68 25 24 16 **Public** opt 1, opt 2
13 Marseille Groupe École pratique 04 91 14 26 80 **Consulaire** opt 1 **A**, opt 2 **A**
13 Marseille IFC Méditerranée 04 91 32 19 29 **Pr Hc** opt 1
13 Marseille Lycée Charles Péguy 04 91 15 76 40 **Pr Sc** opt 1, opt 2
13 Marseille Lycée Marie Curie 04 91 36 52 10 **Public** opt 1, opt 2
13 Marseille Lycée Victor Hugo 04 91 11 05 00 **Public** opt 1, opt 2
14 Caen AIFCC 02 31 44 32 11 **Consulaire** opt 1, opt 2
14 Caen Lycée Jean Rostand 02 31 52 19 40 **Public** opt 1, opt 2
14 Caen Lycée Sainte-Ursule 02 31 94 71 00 **Pr Sc** opt 1, opt 2
15 Aurillac Lycée Jean Monnet 04 71 45 49 49 **Public** opt 1, opt 2
17 La Rochelle Lycée Fénelon - Notre-Dame 05 46 41 04 20 **Pr Sc** opt 1
17 Rochefort Lycée Maurice Merleau-Ponty 05 46 99 23 20 **Public** opt 1, opt 2
19 Brive-la-Gaillarde Lycée Bahuet 05 55 92 83 00 **Pr Sc** opt 1, opt 2
20A Ajaccio Lycée Louis Bonaparte 04 95 29 68 68 **Public** opt 1 **A**, opt 2 **A**
21 Dijon Lycée Le Castel 03 80 76 70 00 **Public** opt 1, opt 2
21 Dijon Lycée Saint-Bénigne 03 80 58 33 43 **Pr Sc** opt 1, opt 2
22 Saint-Brieuc Lycée Rabelais 02 96 68 32 70 **Public** opt 1, opt 2
23 Aubusson Lycée Eugène Jamot 05 55 67 72 80 **Public** opt 1 **A**, opt 2 **A**
24 Périgueux Lycée Bertran de Born 05 53 06 60 00 **Public** opt 1, opt 2
25 Besançon Lycée Louis Pergaud 03 81 54 77 77 **Public** opt 1, opt 2
26 Valence LPO Algoud Laffemas 04 75 82 61 30 **Public** opt 1 **A**, opt 2 **A**
27 Vernon Lycée Saint-Adjutor 02 32 21 40 29 **Pr Sc** opt 1, opt 2
28 Chartres Lycée Fulbert 02 37 88 27 00 **Public** opt 1, opt 2
29 Brest Lycée Estran Charles de Foucauld 02 98 02 12 54 **Pr Sc** opt 1, opt 2
29 Châteaulin Lycée Saint-Louis 02 98 86 59 00 **Pr Sc** opt 2
29 Quimper Lycée Chaptal 02 98 55 47 46 **Public** opt 1, opt 2
30 Nîmes Lycée de la CCI 04 66 87 97 19 **Pr Sc** opt 2
31 Blagnac CFA commerce et services 05 62 74 73 72 **CFA** opt 1 **A**, opt 2 **A**
31 Labège ESICAD 05 61 39 03 63 **Pr Hc** opt 1
31 Toulouse Lycée Limayrac 05 61 36 08 08 **Pr Sc** opt 1
31 Toulouse Lycée Ozenne 05 61 11 58 00 **Public** opt 1, opt 2
33 Bordeaux CFA du lycée Gustave Eiffel 05 56 91 73 42 **CFA** opt 1 **A**, opt 2 **A**
33 Bordeaux EPSI 05 56 43 13 13 **Pr Hc** opt 2
33 Bordeaux Lycée Gustave Eiffel 05 56 33 83 00 **Public** opt 1, opt 2
33 Mérignac Esarc évolution Informatique 05 56 12 81 82 **Pr Hc** opt 2
34 Baillargues CFA de l'industrie du Languedoc Roussillon 04 67 69 75 50 **Consulaire** opt 1 **A**, opt 2 **A**
34 Montpellier Epsi 04 67 04 20 01 **Pr Hc** opt 1, opt 2
34 Montpellier Esicad 04 67 10 57 56 **Pr Hc** opt 1, opt 2
34 Montpellier Lycée Jean Mermoz 04 67 20 60 00 **Public** opt 1, opt 2
34 Sérignan Lycée Marc Bloch 04 67 35 35 10 **Public** opt 1, opt 2
35 Bruz CFA de la CMA d'Ille et Vilaine - Faculté des Métiers 02 99 05 45 55 **CFA** opt 1 **A**
35 Redon Lycée Saint-Sauveur 02 99 71 27 44 **Pr Sc** opt 1, opt 2
35 Rennes École Aftec de Rennes 02 99 86 11 00 **Pr Hc** opt 1, opt 2
35 Rennes Lycée de la Salle 02 99 87 12 12 **Pr Sc** opt 1, opt 2
35 Rennes Lycée Victor et Hélène Basch 02 99 54 44 43 **Public** opt 1, opt 2
36 Châteauroux Campus Centre 02 54 53 52 00 **Consulaire** opt 2 **A**
36 Châteauroux Lycée Blaise Pascal 02 54 53 55 00 **Public** opt 1
37 Tours Lycée Paul Louis Courier 02 47 60 35 05 **Public** opt 1, opt 2
37 Tours Lycée Saint-François Saint-Medard Notre-Dame-la-Riche 02 47 36 32 00 **Pr Sc** opt 1, opt 2
38 Grenoble École supérieure Faugier 04 76 48 15 48 **Pr Hc** opt 1, opt 2
38 Grenoble Lycée Louise Michel 04 38 12 36 00 **Public** opt 1 **A**, opt 2 **A**
38 Grenoble Sup2i 04 76 86 67 50 **Pr Hc** opt 1, opt 2
38 Saint-Egrève MFR de Saint-Egrève 04 38 02 39 50 **Pr Sc** opt 1 **A**
38 Seyssinet-Pariset Lycée Aristide Bergès 04 76 26 42 42 **Public** opt 1, opt 2
38 Vienne Lycée Ella Fitzgerald 04 74 53 74 53 **Public** opt 1, opt 2
39 Dole Lycée Pasteur Mont-Roland 03 84 79 66 01 **Pr Sc** opt 1 **A**, opt 2 **A**
42 Saint-Étienne CFAI Loire - AFIL 04 77 93 17 49 **CFA** opt 1 **A**, opt 2 **A**
42 Saint-Étienne Irup 04 77 46 21 64 **Pr Hc** opt 2
42 Saint-Priest-en-Jarez Lycée Simone Weil 04 77 92 12 62 **Public** opt 1, opt 2
43 Brives-Charensac LEGT La Chartreuse Paradis 04 71 09 83 09 **Pr Sc** opt 1, opt 2
44 Nantes Epsi 02 40 76 60 87 **Pr Hc** opt 1, opt 2
44 Nantes Lycée Carcouet 02 40 16 18 18 **Public** opt 1, opt 2
44 Nantes Lycée La Colinière 02 40 93 93 33 **Public** opt 1, opt 2
44 Saint-Sébastien-sur-Loire Lycée Saint-Pierre La Joliverie 02 40 80 82 00 **Pr Sc** opt 1, opt 2
45 Orléans CFSA 02 38 22 13 00 **CFA** opt 1 **A**, opt 2 **A**
45 Orléans Lycée Benjamin Franklin 02 38 79 10 10 **Public** opt 1, opt 2
45 Orléans Lycée Saint-Paul Bourdon Blanc 02 38 78 13 00 **Pr Sc** opt 1, opt 2
48 Mende Lycée Émile Peytavin 04 66 49 18 66 **Public** opt 2
49 Angers Icoges 02 41 25 35 15 **Pr Hc** opt 1, opt 2
49 Angers Lycée Chevrollier 02 41 80 96 11 **Public** opt 1, opt 2
49 Cholet Lycée Sainte-Marie 02 41 49 16 49 **Pr Sc** opt 1, opt 2

50 Avranches Lycée Notre-Dame de la Providence 02 33 58 02 22 **Pr Sc** opt 1
51 Reims Lycée Roosevelt 03 26 86 70 90 **Public** opt 1, opt 2
52 Chaumont Lycée Edmé Bouchardon 03 25 03 23 42 **Public** opt 1, opt 2
53 Laval Lycée Douanier Rousseau 02 43 53 04 60 **Public** opt 1, opt 2
53 Saint-Berthevin Institut d'informatique appliquée 02 43 91 47 47 **Consulaire** opt 1 **A**, opt 2 **A**
54 Nancy Lycée Frédéric Chopin 03 83 40 20 42 **Public** opt 1, opt 2
55 Bar-le-Duc Lycée Raymond Poincaré 03 29 45 32 00 **Public** opt 1, opt 2
56 Ploemeur Lycée Notre-Dame de la Paix 02 97 37 20 68 **Pr Sc** opt 1, opt 2
57 Metz CFA Robert Schuman 03 87 76 40 36 **CFA** opt 1 **A**, opt 2 **A**
57 Metz Lycée Robert Schuman 03 87 76 40 40 **Public** opt 1, opt 2
57 Metz Sup-Formation 03 87 39 70 65 **Pr Hc** opt 1
58 Nevers Lycée Raoul Follereau 03 86 60 36 00 **Public** opt 1, opt 2
59 Dunkerque Lycée Jean Bart 03 28 24 40 40 **Public** opt 1, opt 2
59 Lille Efficom 03 20 15 16 77 **Pr Hc** opt 1, opt 2
59 Lille Lycée Gaston Berger 03 20 49 31 59 **Public** opt 1, opt 2
59 Marcq-en-Barœul École Kienz 03 20 72 62 02 **Pr Hc** opt 1, opt 2
59 Maubeuge Lycée privé Notre-Dame de Grâce 03 27 53 00 66 **Pr Sc** opt 1 **A**
59 Roubaix Lycée Saint-Rémi 03 20 89 41 41 **Pr Sc** opt 1, opt 2
59 Valenciennes Institut Jean Paul II 03 27 22 70 00 **Pr Sc** opt 1, opt 2
59 Valenciennes Lycée Henri Wallon 03 27 19 30 40 **Public** opt 1, opt 2
60 Beauvais Promeo CFAI Oise 03 44 06 15 20 **CFA** opt 1 **A**
60 Chantilly Lycée Jean Rostand 03 44 62 47 00 **Public** opt 1, opt 2
60 Senlis Lycée Saint-Vincent 03 44 53 96 40 **Pr Sc** opt 2
60 Senlis Promeo CFAI Oise 03 44 63 81 63 **CFA** opt 1 **A**
60 Venette Promeo CFAI Oise 03 44 20 70 10 **CFA** opt 1 **A**
62 Arras Epsi - École privé d'ingénierie informatique 03 21 71 33 34 **Pr Hc** opt 2
62 Arras Lycée Baudimont Saint-Charles 03 21 16 18 00 **Pr Sc** opt 1, opt 2
62 Arras Lycée Guy Mollet 03 21 21 49 50 **Public** opt 1, opt 2
62 Béthune Lycée André Malraux 03 21 64 61 61 **Public** opt 2
62 Saint-Martin-Boulogne Lycée Saint-Joseph 03 21 99 06 99 **Pr Sc** opt 2
63 Chamalières Groupe formation systèmes 04 73 19 53 00 **Pr Hc** opt 1, opt 2
63 Clermont-Ferrand Lycée Godefroy de Bouillon 04 73 98 54 54 **Pr Sc** opt 1, opt 2
63 Clermont-Ferrand Lycée Sidoine Apollinaire 04 73 41 20 20 **Public** opt 1, opt 2
64 Anglet Lycée Cantau 05 59 58 06 06 **Public** opt 1 **A**, opt 2 **A**
64 Pau Lycée Saint-John-Perse 05 59 62 73 11 **Public** opt 1, opt 2
65 Tarbes Lycée Marie Curie 05 62 44 56 56 **Public** opt 1, opt 2
66 Perpignan Lycée Jean Lurçat 04 68 50 28 91 **Public** opt 1, opt 2
67 Eckbolsheim Ifide Sup Formation 03 88 10 83 84 **Pr Hc** opt 1, opt 2
67 Strasbourg CFA de la CCI- Pôle formation Strasbourg 03 88 43 08 80 **Consulaire** opt 1 **A**, opt 2 **A**
67 Strasbourg Estudia 03 88 23 77 99 **Pr Hc** opt 1, opt 2
67 Strasbourg Iesa 03 88 37 13 12 **Pr Hc** opt 1, opt 2
67 Strasbourg Lycée René Cassin 03 88 45 54 54 **Public** opt 1, opt 2
68 Colmar CGI Formation 03 89 21 19 36 **Pr Hc** opt 1, opt 2
68 Colmar Lycée Camille Sée 03 89 22 25 00 **Public** opt 1, opt 2
69 Lyon CFA bureautique et métiers tertiaires 04 72 85 71 37 **CFA** opt 2 **A**
69 Lyon CFA SEPR 04 72 83 27 27 **CFA** opt 1 **A**
69 Lyon Epsi 04 72 71 09 28 **Pr Hc** opt 2
69 Lyon Groupe Sciences U Lyon - CRESPA 04 26 29 01 01 **Pr Hc** opt 1, opt 2
69 Lyon Icoges 04 72 68 78 30 **Pr Hc** opt 1, opt 2
69 Lyon Lycée des Chartreux 04 72 00 75 50 **Pr Sc** opt 1, opt 2
69 Lyon Lycée Icof 04 78 15 00 60 **Pr Sc** opt 1, opt 2
69 Lyon Lycée La Martinière Duchère 04 72 17 29 50 **Public** opt 1, opt 2
69 Vénissieux Lycée Jacques Brel 04 72 50 31 60 **Public** opt 1 **A**, opt 2 **A**
69 Villefranche-sur-Saône Lycée Notre-Dame 04 74 65 48 47 **Pr Sc** opt 1
69 Villeurbanne Afip Formations 04 78 37 81 81 **Pr Hc** opt 1, opt 2
71 Chalon-sur-Saône Lycée Mathias 03 85 97 48 00 **Public** opt 1, opt 2
71 Mâcon Lycée Lamartine 03 85 20 46 00 **Public** opt 1, opt 2
72 Allonnes Lycée André Malraux 02 43 39 28 50 **Public** opt 1, opt 2
72 Le Mans Lycée Saint-Charles-Sainte-Croix 02 43 50 16 70 **Pr Sc** opt 1 **A**, opt 2 **A**
73 Chambéry Ecoris Chambéry 04 79 69 28 17 **Pr Hc** opt 1
74 Annecy Lycée Gabriel Fauré 04 50 45 20 38 **Public** opt 1, opt 2
74 Annecy Lycée Saint-Michel 04 50 45 05 20 **Pr Sc** opt 1, opt 2
74 Annecy-le-Vieux Ecoris Annecy 04 50 09 27 98 **Pr Hc** opt 1
75 Paris ACE- CFA Association des comptables enseignement 01 49 21 43 40 **CFA** opt 2 **A**
75 Paris CFA Cerfal 01 40 52 28 70 **CFA** opt 1 **A**, opt 2 **A**
75 Paris CFA IMC 01 53 32 53 00 **CFA** opt 1 **A**, opt 2 **A**
75 Paris CFA Insta 01 43 41 72 50 **CFA** opt 1 **A**, opt 2 **A**
75 Paris CFA Sacef 01 78 09 88 51 **CFA** opt 1 **A**
75 Paris Cours Spinoza 01 46 28 80 20 **Pr Hc** opt 1, opt 2
75 Paris ENC 01 44 85 85 00 **Public** opt 2
75 Paris ETS 01 44 29 23 60 **Pr Hc** opt 1, opt 2
75 Paris Icoges 01 45 58 17 33 ou 01 55 26 95 70 **Pr Hc** opt 1, opt 2
75 Paris Infosup 0800 600 633 **Pr Hc** opt 1, opt 2
75 Paris Ipssi IP-Formation 01 55 43 26 65 **Pr Hc** opt 1, opt 2
75 Paris Iris 01 44 01 86 70 **Pr Hc** opt 1, opt 2
75 Paris IT Paris Eiffel 01 44 39 25 60 **Pr Hc** opt 1
75 Paris Itic 01 43 73 20 40 **Pr Hc** opt 1, opt 2
75 Paris Lycée Charles de Foucauld 01 46 07 72 59 **Pr Sc** opt 1
75 Paris Lycée des Petits Champs 01 43 67 59 59 **Pr Sc** opt 1 **A**
75 Paris Lycée Louis Armand 01 45 57 51 50 **Public** opt 1, opt 2
75 Paris Lycée Le Rebours 01 55 43 28 88 **Pr Sc** opt 1, opt 2
75 Paris Lycée Turgot 01 53 01 14 10 **Public** opt 1, opt 2
76 Le Havre Lycée Saint-Joseph 02 35 46 51 52 **Pr Sc** opt 1, opt 2

A : apprentissage proposé
CFA : centre de formation d'apprentis
LP : lycée professionnel
Pr Hc : privé hors contrat
Pr Sc : privé sous contrat

BTS (suite)

76 Le Mesnil-Esnard Lycée la Châtaigneraie 02 32 86 53 00 **Pr Sc** opt 2
76 Rouen Lycée Gustave Flaubert 02 35 12 88 88 **Public** opt 1, opt 2
77 Avon CFA Utec Avon-Fontainebleau 01 60 72 74 00 **Consulaire** opt 1 **A**, opt 2 **A**
77 Champs-sur-Marne Lycée René Descartes 01 64 68 25 07 **Public** opt 1, opt 2
77 Combs-la-Ville LP Jacques Prévert 01 64 13 42 60 **Public** opt 2 **A**
77 Émerainville CFA Utec informatique et technologies numériques 01 60 37 52 31 **Consulaire** opt 1 **A**, opt 2 **A**
77 Melun Lycée Léonard de Vinci 01 60 56 60 60 **Public** opt 1, opt 2
77 Melun Lycée Saint-Aspais 01 60 56 59 59 **Pr Sc** opt 1, opt 2
78 Conflans-Sainte-Honorine Lycée Jules Ferry 01 34 90 03 70 **Public** opt 2
78 Montigny-le-Bretonneux CFA IFA Delorozoy 01 30 48 80 00 **Consulaire** opt 1 **A**
78 Montigny-le-Bretonneux Esem 01 61 38 05 75 **Pr Hc** opt 1, opt 2
78 Plaisir Lycée Jean Vilar 01 30 55 18 77 **Public** opt 1, opt 2
79 Bressuire Lycée Saint-Joseph 05 49 65 21 33 **Pr Sc** opt 2
79 Niort Lycée de la Venise Verte 05 49 32 48 00 **Public** opt 2
80 Amiens CFA Interfor-SIA 03 22 82 00 00 **Consulaire** opt 1 **A**, opt 2 **A**
80 Amiens Lycée Édouard Gand 03 22 53 41 22 **Public** opt 1, opt 2
80 Amiens Lycée Saint-Rémi 03 22 71 23 00 **Pr Sc** opt 1, opt 2
83 Saint-Raphaël Lycée Antoine de Saint-Exupéry 04 94 19 72 80 **Public** opt 1, opt 2
83 Toulon Lycée Bonaparte 04 94 18 90 30 **Public** opt 1, opt 2
84 Avignon CFA de l'industrie du Vaucluse 04 90 81 54 50 **CFA** opt 1 **A**, opt 2 **A**
84 Avignon IFC Provence 04 90 14 15 90 **Pr Hc** opt 1
84 Avignon Lycée Théodore Aubanel 04 90 16 36 00 **Public** opt 1, opt 2
84 Pertuis CFAI 84, antenne de Pertuis 04 90 77 05 94 **CFA** opt 1 **A**
85 La Roche-sur-Yon Lycée Notre-Dame du Roc 02 51 47 74 74 **Pr Sc** opt 1, opt 2
85 Les Sables-d'Olonne Lycée Savary de Mauléon 02 51 95 11 47 **Public** opt 1, opt 2
86 Futuroscope Cned 05 49 49 94 94 **Public** opt 1, opt 2
86 Poitiers Isfac 05 49 60 34 30 **Pr Hc** opt 1, opt 2
86 Loudun Lycée Guy Chauvet 05 49 98 17 51 **Public** opt 1 **A**, opt 2 **A**
86 Poitiers Lycée Aliénor d'Aquitaine 05 49 44 81 00 **Public** opt 1, opt 2
87 Limoges Lycée Beaupeyrat 05 55 45 81 00 **Pr Sc** opt 1, opt 2
87 Limoges Lycée Suzanne Valadon 05 55 45 56 00 **Public** opt 1, opt 2
89 Joigny LP Saint-Jacques 03 86 62 57 25 **Pr Sc** opt 1 **A**
90 Belfort Lycée Condorcet 03 84 46 64 80 **Public** opt 1 **A**, opt 2 **A**
91 Étampes Lycée Geoffroy Saint-Hilaire 01 69 92 17 70 **Public** opt 1, opt 2
91 Évry Lycée Parc des Loges 01 60 77 61 72 **Public** opt 1, opt 2
91 Massy CFA Faculté des métiers de l'Essonne 01 69 19 46 00 **Consulaire** opt 1 **A**, opt 2 **A**
91 Massy Lycée Parc de Vilgénis 01 69 53 74 00 **Public** opt 1 **A**, opt 2 **A**
91 Orsay Institut supérieur de commerce et d'informatique d'Orsay 01 69 86 90 41 **Pr Hc** opt 1 **A**, opt 2 **A**
92 Bagneux Lycée Saint-Gabriel 01 46 57 61 22 **Pr Sc** opt 1, opt 2
92 Clichy Lycée René Auffray 01 49 68 90 00 **Public** opt 1 **A**
92 Courbevoie Lycée Montalembert 01 46 67 13 00 **Pr Sc** opt 1
92 Courbevoie Lycée Paul Lapie 01 41 88 03 70 **Public** opt 1, opt 2
92 Issy-les-Moulineaux CFA Aforp 01 41 46 09 10 **CFA** opt 1 **A**, opt 2 **A**
92 Issy-les-Moulineaux Hitema 01 41 33 03 00 **Pr Hc** opt 1, opt 2
92 Levallois-Perret Epsi 01 55 90 06 30 **Pr Hc** opt 1, opt 2
92 Montrouge Efficom 01 41 17 12 12 **Pr Hc** opt 1, opt 2
92 Vaucresson Lycée Suger 01 47 41 10 44 **Pr Sc** opt 1 **A**
93 Aulnay-sous-Bois Lycée Voillaume 01 48 19 31 93 **Public** opt 1, opt 2
93 Bobigny Lycée Louise Michel 01 48 10 22 44 **Public** opt 1, opt 2
93 Dugny Lycée Robert Schuman 01 48 37 74 26 **Pr Sc** opt 1 **A**
93 Épinay-sur-Seine LP Louise Michel 01 48 41 35 04 **Public** opt 1
93 Montreuil Lycée technique ORT 01 49 88 46 50 **Pr Sc** opt 1, opt 2
94 Cachan Lycée Maximilien Sorre 01 47 40 49 60 **Public** opt 1, opt 2
94 Créteil LGT ensemble Sainte-Marie 01 45 17 21 70 **Pr Sc** opt 1, opt 2
94 Nogent-sur-Marne Lycée Louis Armand 01 45 14 28 28 **Public** opt 1
95 Cergy CFA Itescia - Campus Cergy 01 34 20 63 63 **CFA** opt 1 **A**, opt 2 **A**
95 Gonesse CFA Gescia, site de Gonesse 01 34 07 78 95 **Consulaire** opt 1 **A**, opt 2 **A**
95 Jouy-le-Moutier Lycée de l'Hautil 01 34 32 71 71 **Public** opt 1, opt 2
95 Montmorency Lycée J.-J. Rousseau 01 34 05 12 50 **Public** opt 1, opt 2
971 Basse-Terre Lycée les Persévérants 05 90 81 10 32 **Pr Sc** opt 1 **A**, opt 2 **A**
971 Les Abymes Lycée Baimbridge 05 90 93 79 99 **Public** opt 1, opt 2
972 Fort-de-France Amep 05 96 79 50 23 **Pr Sc** opt 1, opt 2
972 Fort-de-France CFA tertiaire de la CCI de Martinique 05 96 61 61 32 **Consulaire** opt 1 **A**, opt 2 **A**
972 Fort-de-France Isca 05 96 75 61 61 **Pr Hc** opt 1
972 Fort-de-France Lycée Joseph Gaillard 05 96 61 99 10 **Public** opt 1, opt 2
974 Saint-Benoît Lycée de Bras Fusil 02 62 92 96 81 **Public** opt 1, opt 2
974 Saint-Denis Lycée Bellepierre 02 62 90 73 00 **Public** opt 1, opt 2
974 Sainte-Marie CFA de l'enseignement catholique de la Réunion 02 62 90 78 46 **CFA** opt 1 **A**
974 Saint-Joseph Lycée Pierre Poivre 02 62 56 69 79 **Public** opt 1, opt 2
976 Mamoudzou Lycée Younoussa Bamana 0269 61 13 55 **Public** opt 1, opt 2
987 Papeete Lycée La Mennais 689 47 14 00 **Pr Sc** opt 1
987 Pirae Lycée Aorai de Pirae 689 50 45 50 **Public** opt 2
988 Dumbéa Lycée du Grand Nouméa 00 687 41 01 00 **Public** opt 1, opt 2

DUT

Sont présentés ici les diplômes universitaires de technologie ouvrant aux métiers du Web. Quelques DUT se préparent en 1 an après un bac + 2 dans le cadre d'une année spéciale (AS).

INFORMATION-COMMUNICATION

Option 1 : journalisme
Option 2 : information numérique dans les organisations

06 Cannes IUT de Nice Côte d'Azur 04 97 06 61 20 **Public** opt 1
21 Dijon IUT 03 80 39 64 02 **Public** opt 2
22 Lannion IUT 02 96 46 93 00 **Public** opt 1
25 Besançon IUT 03 81 66 68 21 (ou 22) **Public** opt 2

31 Toulouse IUT A Paul Sabatier 05 62 25 80 30 **Public** opt 2 **AS**
33 Bordeaux IUT Bordeaux Montaigne 05 57 12 20 44 **Public** opt 2 **AS**
37 Tours IUT 02 47 36 75 04 ou 81 **Public** opt 1 **AS**, opt 2
38 Grenoble IUT 2 04 76 28 45 09 **Public** opt 2 **AS**
54 Nancy IUT Nancy-Charlemagne 03 54 50 38 00 **Public** opt 2 **AS**
67 Illkirch-Graffenstaden IUT Robert Schuman 03 68 85 89 10 **Public** opt 2 **A**
69 Lyon IUT Jean Moulin 04 81 65 26 00 **Public** opt 2
76 Le Havre IUT 02 32 74 46 00 **Public** opt 2

INFORMATIQUE

01 Bourg-en-Bresse IUT Lyon 1 04 74 45 50 50 **Public**
06 Nice IUT 04 97 25 82 00 **Public**
06 Valbonne IUT de Nice 04 93 95 51 00 **Public A**
12 Rodez IUT 05 65 77 10 80 **Public**
13 Aix-en-Provence IUT 04 42 93 90 00 **Public**
13 Arles IUT de Provence 04 90 52 24 10 **Public**
14 Ifs IUT, antenne d'Ifs 02 31 52 55 00 **Public**
17 La Rochelle IUT 05 46 51 39 00 **Public**
21 Dijon IUT 03 80 39 64 02 **Public**
22 Lannion IUT 02 96 46 93 00 **Public**
26 Valence IUT 04 75 41 88 00 **Public**
31 Blagnac IUT 05 62 74 75 75 **Public**
31 Toulouse IUT A Paul Sabatier 05 62 25 80 30 **Public AS**
33 Gradignan IUT de Bordeaux 05 56 84 57 21 **Public**
34 Montpellier IUT 04 99 58 50 40 **Public AS**
38 Grenoble IUT 2 04 76 28 45 09 **Public AS**
43 Le Puy-en-Velay IUT de Clermont-Ferrand - Le Puy-en-Velay 04 71 09 90 50 **Public**
44 Nantes IUT 02 40 30 60 90 **Public**
45 Orléans IUT 02 38 49 44 96 **Public AS**
51 Reims IUT L de Reims Châlons Charleville 03 26 91 30 71 **Public**
53 Laval IUT 02 43 59 49 01 **Public**
54 Nancy IUT Nancy-Charlemagne 03 54 50 38 00 **Public AS**
56 Vannes IUT 02 97 62 64 64 **Public A**
57 Metz IUT 03 87 31 31 52 **Public AS**
59 Maubeuge IUT de Valenciennes 03 27 53 17 70 **Public A**
59 Villeneuve-d'Ascq IUT **A** 03 59 63 21 00 ou 04 **Public AS**
62 Calais IUT de Calais 03 21 19 06 00 **Public A**
62 Lens IUT de Lens 03 21 79 32 32 ou 03 21 79 32 34 **Public**
63 Aubière IUT de Clermont-Ferrand - Aubière 04 73 17 70 01 **Public**
64 Anglet IUT de Bayonne, Pays Basque 05 59 57 43 03 **Public**
67 Illkirch-Graffenstaden IUT Robert Schuman 03 68 85 89 10 **Public**
69 Villeurbanne IUT Lyon 1 (site La Doua) 04 72 69 20 00 **Public AS**
74 Annecy-le-Vieux IUT 04 50 09 22 22 **Public**
75 Paris IUT Paris 5 01 42 86 47 23/22/24 **Public A**
76 Le Havre IUT 02 32 74 46 00 **Public AS**
77 Champs-sur-Marne IUT de Marne-la-Vallée 01 60 95 85 85 **Public A**
77 Fontainebleau IUT de Seine et Marne Sud 01 60 74 68 00 **Public A**
78 Vélizy-Villacoublay IUT de Vélizy 01 39 25 48 33 **Public A**
80 Amiens IUT 03 22 53 40 40 **Public AS**
87 Limoges IUT 05 55 43 43 55 **Public**
88 Saint-Dié-des-Vosges IUT 03 29 53 60 00 **Public**
90 Belfort IUT 03 84 58 77 12 **Public**
91 Orsay IUT d'Orsay 01 69 33 60 00 **Public A AS**
93 Montreuil IUT de Montreuil 01 48 70 37 00 **Public A**
93 Villetaneuse IUT de Villetaneuse 01 49 40 44 51 **Public A AS**

MÉTIERS DU MULTIMÉDIA ET DE L'INTERNET

03 Vichy IUT de Montluçon - Vichy 04 70 30 43 91 **Public**
10 Troyes IUT 03 25 42 46 46 **Public**
13 Arles IUT de Provence 04 90 52 24 10 **Public**
16 Angoulême IUT 05 45 67 32 07 **Public**
20B Corte IUT 04 95 61 16 52 **Public A**
21 Dijon IUT 03 80 39 64 02 **Public**
25 Montbéliard IUT 03 81 99 46 28 **Public**
33 Bordeaux IUT Bordeaux Montaigne 05 57 12 20 44 **Public**
34 Béziers IUT de Béziers 04 67 11 60 00 **Public**
38 Grenoble IUT 1 04 76 57 50 00 **Public A**
41 Blois IUT 02 54 55 21 18 **Public A**
43 Le Puy-en-Velay IUT de Clermont-Fd - Le Puy-en-Velay 04 71 09 90 50 **Public**
50 Saint-Lô IUT antenne de Saint-Lô 02 33 77 11 68 **Public**
53 Laval IUT 02 43 59 49 01 **Public A**
54 Nancy IUT Nancy-Charlemagne 03 54 50 38 00 **Public**
62 Lens IUT de Lens 03 21 79 32 32/34 **Public**
65 Tarbes IUT Toulouse 3 05 62 44 42 00 **Public**
67 Haguenau IUT 03 88 05 34 11 **Public**
68 Mulhouse IUT de Mulhouse 03 89 33 74 00 **Public**
73 Le Bourget-du-Lac IUT de Chambéry 04 79 75 81 80 **Public**
76 Elbeuf IUT 02 32 14 60 14 **Public**
77 Champs-sur-Marne IUT de Marne-la-Vallée 01 60 95 85 85 **Public A**
77 Meaux IUT de Marne-la-Vallée 01 64 36 44 10 **Public**
78 Vélizy-Villacoublay IUT de Vélizy 01 39 25 48 33 **Public**
81 Castres IUT Paul Sabatier 05 63 62 11 50 **Public**
83 Saint-Raphaël IUT de Toulon 04 94 19 66 02 **Public A**
87 Limoges IUT 05 55 43 43 55 **Public**
88 Saint-Dié-des-Vosges IUT 03 29 53 60 00 **Public**
93 Bobigny IUT de Bobigny 01 48 38 88 30 **Public**
95 Sarcelles IUT de Cergy 01 34 38 26 00 **Public**
971 Saint-Claude IUT de Kourou 05 90 80 82 00 **Public**

RÉSEAUX ET TÉLÉCOMMUNICATIONS

06 Valbonne IUT de Nice 04 93 95 51 00 **Public**
13 Marseille IUT Luminy 04 91 17 79 21 **Public**
14 Ifs IUT antenne d'Ifs 02 31 52 55 00 **Public A**
17 La Rochelle IUT 05 46 51 39 00 **Public**
22 Lannion IUT 02 96 46 93 00 **Public AS**
25 Montbéliard IUT 03 81 99 46 28 **Public A**
26 Valence IUT 04 75 41 88 00 **Public**
31 Blagnac IUT 05 62 74 75 75 **Public A**
34 Béziers IUT de Béziers 04 67 11 60 00 **Public**
35 Saint-Malo IUT 02 99 21 95 00 **Public A**

A : apprentissage proposé
AS : année spéciale
CFA : centre de formation d'apprentis
IUT : institut universitaire de technologie
LP : lycée professionnel
Pr Hc : privé hors contrat
Pr Sc : privé sous contrat

DUT (suite)

38 Saint-Martin-d'Hères Eneps 04 76 82 84 15 **Public**
38 Saint-Martin-d'Hères IUT 1 04 76 82 53 00 **Public A**
40 Mont-de-Marsan IUT des Pays de l'Adour 05 58 51 37 00 **Public**
41 Blois IUT 02 54 55 21 18 **Public A**
42 Roanne IUT 04 77 44 89 00 **Public**
51 Châlons-en-Champagne IUT 03 26 21 81 83 **Public A**
54 Villers-lès-Nancy IUT Nancy-Brabois 03 83 68 24 51 **Public A**
62 Béthune IUT de Béthune 03 21 63 23 08 **Public A**
63 Aubière IUT de Clermont-Ferrand - Aubière 04 73 17 70 01 **Public**
68 Colmar IUT 03 89 20 23 58 **Public A**
74 Annecy-le-Vieux IUT 04 50 09 22 22 **Public A**
76 Elbeuf IUT 02 32 14 60 14 **Public A**
78 Vélizy-Villacoublay IUT de Vélizy 01 39 25 48 33 **Public A**
85 La Roche-sur-Yon IUT 02 51 47 84 40 **Public**
86 Châtellerault IUT 05 49 02 52 22 **Public A**
89 Auxerre IUT 03 86 49 28 30 **Public A**
93 Villetaneuse IUT de Villetaneuse 01 49 40 44 51 **Public A**
94 Vitry-sur-Seine IUT, site de Vitry 01 45 17 17 01 **Public A**
973 Kourou IUT 05 94 32 80 00 **Public**
974 Saint-Pierre IUT de Saint-Pierre 02 62 96 28 70 **Public**

STATISTIQUE ET INFORMATIQUE DÉCISIONNELLE

06 Valbonne IUT de Nice 04 93 95 51 00 **Public**
11 Carcassonne IUT de Perpignan 04 68 47 71 60 **Public AS**
14 Lisieux IUT, antenne de Lisieux 02 31 48 44 00 **Public**
38 Grenoble IUT 2 04 76 28 45 09 **Public AS**
56 Vannes IUT 02 97 62 64 64 **Public**
57 Metz IUT 03 87 31 31 52 **Public A**
59 Roubaix IUT C 03 28 33 36 20 **Public**
64 Pau IUT des Pays de l'Adour 05 59 40 71 21 **Public**
69 Bron IUT Lumière 04 78 77 24 50 **Public A**
75 Paris IUT Paris 5 01 42 86 47 23/22/24 **Public A AS**
79 Niort IUT 05 49 79 99 00 **Public**
84 Avignon IUT 04 90 84 14 00 **Public**

TECHNIQUES DE COMMERCIALISATION

02 Laon IUT de l'Aisne 03 23 26 01 48 **Public A**
03 Montluçon IUT d'Allier 04 70 02 20 00 **Public**
03 Moulins IUT d'Allier 04 70 46 86 10 **Public**
06 Cannes IUT de Nice 04 93 90 53 50 **Public A**
06 Nice IUT 04 97 25 82 00 **Public A**
10 Troyes IUT 03 25 42 46 46 **Public A**
11 Carcassonne IUT de Perpignan 04 68 47 71 60 **Public**
13 Aix-en-Provence IUT 04 42 93 90 00 **Public A**
13 Marseille IUT 04 91 28 93 00 **Public**
14 Caen IUT 02 31 56 70 00 **Public**
14 Lisieux IUT, antenne de Lisieux 02 31 48 44 00 **Public**
16 Angoulême IUT 05 45 67 32 07 **Public**
17 La Rochelle IUT 05 46 51 39 00 **Public AS**
20B Corte IUT 04 95 61 16 52 **Public A**
22 Saint-Brieuc IUT 02 96 60 96 60 **Public**
24 Périgueux IUT de Périgueux 05 53 02 58 58 **Public**
26 Valence IUT 04 75 41 88 00 **Public AS**
27 Évreux IUT 02 32 29 15 03 **Public**
29 Quimper IUT 02 98 90 85 58 **Public AS A**
31 Toulouse IUT A Paul Sabatier 05 62 25 80 30 **Public**
33 Bordeaux IUT Bordeaux Montesquieu 05 56 00 95 56 **Public A AS**
34 Béziers IUT de Béziers 04 67 11 60 00 **Public A**
34 Montpellier IUT 04 99 58 50 40 **Public A AS**
36 Issoudun IUT 02 54 03 59 03 **Public A**
37 Tours IUT 02 47 36 75 04 ou 81 **Public A**
38 Grenoble IUT 2 04 76 28 45 09 **Public AS**
42 Roanne IUT 04 77 44 89 00 **Public**
42 Saint-Étienne IUT de Saint-Étienne 04 77 46 33 00 **Public**
44 Saint-Nazaire IUT 02 40 17 81 59 **Public A AS**
46 Figeac IUT de Figeac 05 65 50 30 60 **Public A**
49 Angers IUT 02 44 68 87 00 **Public**
50 Cherbourg-Octeville IUT de Cherbourg 02 33 01 45 00 **Public**
51 Châlons-en-Champagne CFA interprofessionnel de la Marne 03 26 69 25 85 **CFA A**
51 Reims IUT L de Reims Châlons Charleville 03 26 91 30 71 **Public A AS**
53 Laval IUT 02 43 59 49 01 **Public**
54 Nancy IUT Nancy-Charlemagne 03 54 50 38 00 **Public A**
56 Vannes IUT 02 97 62 64 64 **Public**
57 Metz IUT 03 87 31 31 52 **Public A AS**
57 Yutz IUT de Thionville 03 82 82 06 00 **Public**
59 Cambrai IUT de Valenciennes 03 27 72 33 30 **Public**
59 Dunkerque IUT de Dunkerque 03 28 23 70 00 **Public A**
59 Roubaix IUT C 03 28 33 36 20 **Public A**
59 Valenciennes IUT de Valenciennes 03 27 51 12 52 **Public A AS**
60 Beauvais IUT de l'Oise 03 44 06 88 62 **Public**
60 Creil IUT de l'Oise 03 44 64 46 46 **Public**
62 Lens IUT de Lens 03 21 79 32 32 ou 03 21 79 32 34 **Public A**
64 Bayonne IUT de Bayonne, Pays Basque 05 59 57 43 03 **Public**
65 Tarbes IUT Toulouse 3 05 62 44 42 00 **Public**
67 Illkirch-Graffenstaden IUT Robert Schuman 03 68 85 89 10 **Public**
68 Colmar IUT 03 89 20 23 58 **Public A**
69 Villeurbanne IUT Lyon 1 (site Gratte-ciel) 04 72 65 53 53 **Public AS**
71 Le Creusot IUT Le Creusot 03 85 73 10 10 **Public AS**
73 Le Bourget-du-Lac Centre d'études des sportifs de niveau international 04 79 25 32 54 **Pr Sc**
74 Annecy-le-Vieux IUT 04 50 09 22 22 **Public**
75 Paris IUT Paris 5 01 42 86 47 23/22/24 **Public A**
76 Le Havre IUT 02 32 74 46 00 **Public**
76 Rouen IUT 02 35 14 60 14 **Public A**
77 Champs-sur-Marne IUT de Marne-la-Vallée 01 60 95 85 85 **Public A**
77 Fontainebleau IUT de Seine et Marne Sud 01 60 74 68 00 **Public**
77 Lieusaint IUT de Seine et Marne Sud 01 64 13 44 88 **Public A**
77 Meaux IUT de Marne-la-Vallée 01 64 36 44 10 **Public**
78 Mantes-la-Jolie IUT de Mantes en Yvelines 01 30 98 13 62 **Public A**
78 Rambouillet IUT de Vélizy 01 30 46 58 20 **Public A**
80 Amiens IUT 03 22 53 40 40 **Public A AS**
81 Castres IUT Paul Sabatier 05 63 62 11 50 **Public A**
83 La Garde IUT de Toulon Var 04 94 14 22 08 **Public A**
84 Avignon IUT 04 90 84 14 00 **Public A**
86 Châtellerault IUT 05 49 02 52 22 **Public**

87 Limoges IUT 05 55 43 43 55 **Public AS**
88 Épinal IUT d'Épinal 03 54 50 48 00 **Public**
89 Auxerre IUT 03 86 49 28 30 **Public A**
90 Belfort IUT 03 84 58 77 12 **Public**
91 Évry IUT 01 69 47 73 60 **Public A**
91 Juvisy-sur-Orge IUT d'Évry 01 69 56 56 29 **Public A**
92 Sceaux IUT de Sceaux 01 40 91 24 99 **Public A AS**
93 Saint-Denis IUT de Saint-Denis 01 49 40 61 00 **Public A AS**
93 Saint-Denis IUT de St-Denis (antenne - Département TC) 01 55 93 75 15 **Public**
94 Créteil IUT 01 45 17 17 01 **Public A**
95 Cergy IUT site Saint-Martin 01 34 25 75 46 **Public A AS**
95 Sarcelles IUT de Cergy 01 34 38 26 00 **Public**
972 Fort-de-France CFA tertiaire de la CCI de Martinique 05 96 61 61 32 **Consulaire A**
973 Kourou IUT 05 94 32 80 00 **Public**

LICENCES PRO

Sont présentées ici les licences professionnelles ayant une spécialisation en lien avec le Web, relevant notamment d'Internet, de l'e-commerce, du multimédia ou du webdesign. Pour chacune est indiqué l'université, le CFA ou l'école proposant la formation (en bleu), suivi de la commune (en noir). Pour compléter votre information sur toutes les spécialisations possibles, consultez **www.onisep.fr**.

Activités et techniques de communication spécialités:

- animateur des technologies de l'information et de l'Internet: Saint-Étienne Saint-Étienne **A**
- chargé de communication culturelle et multimédia: Cergy Cergy **A**
- communication de proximité et nouveaux médias: Cergy Sarcelles **A**
- communication électronique des organisations et collectivités territoriales: Lyon 2 Bron
- communication et média: Lorraine Saint-Dié-des-Vosges
- communication et médiation numérique: Dijon Dijon
- communication multimédia: Lyon 3 Lyon
- communication numérique et développement d'applications Internet: Reims Charleville-Mézières
- communication publique et outils numériques: Lorraine Nancy
- communication, logiciels libres et sources ouvertes: Lyon 2 Bron
- communications audiovisuelles et multimédias locales et de proximité: Paris 10 Saint-Cloud
- communications numériques et e-activités: Perpignan Mende
- conception et administration de site web: Aix-Marseille Arles
- conception et intégration de services et produits multimédia: Toulouse 3 Castres **A**, Tarbes
- conception et réalisation de services et produits multimédia: Tours Blois **A**
- création multimédia pour le Web: Aix-Marseille Arles
- design numérique: Corse Corte **A**
- développeur web des systèmes d'information et multimédia: Cergy Cergy **A**, Strasbourg Strasbourg **A**
- écritures en ligne, webmestre éditorial: Grenoble 3 Echirolles
- infographiste, webdesigner et multimédia: Cergy Cergy **A**
- lettres, culture et nouveaux médias: La Rochelle La Rochelle
- marketing digital: gestion de contenus et stratégies numériques: Lyon 3 Lyon
- métiers de l'Internet et du multimédia: Reims Troyes
- métiers des téléservices: Amiens Amiens
- multimédia, Internet, communication: Rouen Elbeuf
- multimédia, Internet, webmaster: Aix-Marseille Gap
- référenceur et rédacteur web: Mulhouse Mulhouse **A**
- scénarisation multimédia de contenus de formation en ligne: Paris 13 Villetaneuse **A**
- service en ligne - conception et réalisation de services multimédia en ligne: Dijon Dijon
- service en ligne commercialisation des produits en ligne: Dijon Dijon
- services et technologies de l'information et de la communication - chef de projet multimédia junior UVSQ Vélizy-Villacoublay **A**
- servicétique: Limoges Limoges
- techniques journalistiques pour les nouveaux médias: Paris 8 Saint-Denis
- webdesign sensoriel et stratégies de création en ligne: Limoges Limoges
- webdesigner: Mulhouse Mulhouse **A**
- webmestre: Caen Caen

Commerce spécialités:

- commerce électronique: CFA vente et commerce Afipe Poissy **A**, La Réunion Saint-Pierre **A**, Paris 8 Montreuil **A**
- commerce en ligne: Bretagne Sud Vannes
- commercial de la communication et du multimédia: Clermont-Ferrand 2 Clermont-Ferrand
- e-commerce, e-marketing: Lille 2 Roubaix
- e-commerce/e-marketing: gestionnaire de projets: Bordeaux Bordeaux **A**
- gestion de la relation clients et e-commerce: Caen Damigny **A**, Lorraine Metz **A**
- marketing direct et vente à distance multicanaux: Lille 1 Lille
- marketing et commerce sur Internet: les métiers du e-business: Évry Évry **A**
- marketing et réseaux de communication: Aix-Marseille Aix-en-Provence
- processus de commercialisation sur le Web: Université d'Artois Lens

Développement et protection du patrimoine culturel spécialité:

- réalité virtuelle et formation multimédia: Caen Saint-Lô

Hôtellerie et tourisme spécialité:

- nouvelles technologies de communication et de distribution appliquées au tourisme Toulouse 2 Foix

Management des organisations spécialité:

- e-business dans les PME: Lyon 1 Villeurbanne **A**

Métiers de l'édition spécialités:

- communication visuelle, conception graphique et multimédia: Tours Tours
- conception graphique multimédia: Rennes 2 Rennes
- édition multi-support, orientation jeunesse: Nantes La Roche-sur-Yon

Métiers de l'informatique: développement intranet et Internet:

- Pacifique Faaa

A: apprentissage proposé
AS: année spéciale
CFA: centre de formation d'apprentis
IUT: institut universitaire de technologie
LP: lycée professionnel
Pr Hc: privé hors contrat
Pr Sc: privé sous contrat

LICENCES PRO (suite)

Réseaux et télécommunications spécialités:
- administration et développement de sites Internet: Toulouse 1 Toulouse
- commerce électronique: Guyane Cayenne
- conception et réalisation de services et produits multimédia: Le Mans Laval **A**
- développement web et mobilité: Orléans Orléans **A**
- intégrateur de réseaux et de services intranet-Internet: Évry Évry **A**
- systèmes audiovisuels numériques: Ina Sup Bry-sur-Marne **A**, UPEM Champs-sur-Marne **A**
- web développeur: Amiens Saint-Quentin **A**
- web et réseaux pour l'entreprise: Grenoble 1 Saint-Martin-d'Hères **A**
- médiation de l'information et du document dans les environnements numériques: Strasbourg Illkirch-Graffenstaden **A**

Systèmes informatiques et logiciels spécialités:
- bases de données, Internet et sécurité: Paris 12 Fontainebleau **A**
- communication multimédia: Pau Anglet
- communication, informatique et multimédia: Paris 8 Montreuil **A**
- concepteur-intégrateur de systèmes Internet/intranet pour l'entreprise: Lorraine Nancy
- création multimédia: La Rochelle La Rochelle **A**
- développement d'applications intranet-Internet: Clermont-Ferrand 1 Aubière, Toulouse 1 Rodez
- développement et administration Internet et intranet: Aix-Marseille Aix-en-Provence et Salon-de-Provence, Lille 1 Villeneuve-d'Ascq
- développeur en applications web et images numériques: Bordeaux Gradignan
- image et son: Clermont-Ferrand 1 Le Puy-en-Velay **A**
- imagerie numérique: Aix-Marseille Arles et Salon-de-Provence
- informatique multimédia appliquée: Nice Nice
- Internet et médias mobiles: Lorraine Saint-Dié-des-Vosges
- métiers de l'Internet et des applications multimédia: Grenoble 2 Grenoble **A**
- métiers du Web et du commerce électronique: Lorraine Metz
- metinet: concepteur et gestionnaire de sites Internet: Lyon 1 Bourg-en-Bresse **A**
- multimédia: Clermont-Ferrand 1 Le Puy-en-Velay **A**
- projet web, développement et communication multimédia: Paris 6 Paris **A**
- système d'information géographique orienté Web: Perpignan Carcassonne **A**
- systèmes d'information et de communication sur Internet: Le Havre Le Havre
- systèmes d'information et services web: UVSQ Vélizy-Villacoublay **A**
- systèmes intra-Internet pour l'entreprise: Dijon Dijon
- technologies de l'information et Internet: Université de Valenciennes et du Hainaut Cambrésis Valenciennes
- technologies logicielles pour le Web et les terminaux mobiles: El Cnam Picardie Amiens, Poitiers Poitiers

Techniques et activités de l'image et du son spécialités:
- communication, création et intégration numérique: image et son: Poitiers Angoulême **A**
- conception et création multimédia: Dijon Chalon-sur-Saône
- conception web et produits multimédias: Université d'Artois Lens
- convergence Internet audiovisuel numérique: Rennes 2 Saint-Brieuc
- création et développement numérique en ligne: Paris 8 Saint-Denis **A**
- gestion de la production audiovisuelle multimédia ou événementielle: Rennes 1 Rennes
- infographie 3D temps réel: UCO d'Angers Laval
- infographie multimédia: Toulouse 2 Toulouse
- journaliste rédacteur d'images et de sons: Université de Valenciennes et du Hainaut Cambrésis Valenciennes
- médias numériques associés aux techniques de l'image et du son: Reims Reims
- métiers du numérique: conception, rédaction et réalisation web: Paris 13 Bobigny
- webdesign: Besançon Montbéliard **A**

MASTERS

Sont présentés ici les masters ayant une spécialisation en lien avec le Web: par exemple, Internet, e-commerce, multimédia, webdesign, journalisme web. Pour chacun est indiquée l'université ou l'école proposant la formation (en bleu), suivie de la commune (en noir). Pour compléter votre information sur toutes les spécialisations possibles, consultez **www.onisep.fr**.

Administration et échanges internationaux spécialité:
- commerce électronique: Paris 12 Créteil **A**

Administration publique spécialité:
- droit du numérique, administration, entreprises: Paris 1 Paris

Arts spécialités:
- arts et technologies numériques: Rennes 2 Rennes
- arts plastiques, sciences de l'art, design, arts numériques: Saint-Étienne Saint-Étienne
- cinéma et audiovisuel, réalisation de documentaires et valorisation des archives: Bordeaux Montaigne Pessac
- création et ingénierie numériques: Université de Valenciennes et du Hainaut Cambrésis Valenciennes
- création et management multimédia: Rennes 2 Rennes
- design: innovation, technologies, arts: Bordeaux Montaigne Pessac
- multimédia: Strasbourg Strasbourg

Arts plastiques et art contemporain spécialité:
- arts et technologies de l'image virtuelle: Paris 8 Saint-Denis

Arts plastiques, arts appliqués spécialité:
- création numérique: Toulouse 2 Toulouse

Cinéma spécialité
- cinéma, télévision, nouveaux médias: Paris 1 Paris

A: apprentissage proposé
CFA: centre de formation d'apprentis

MASTERS (suite)

Civilisations: histoire, patrimoine et sources spécialité:
- patrimoine, musée et multimédia: Poitiers Poitiers

Conduite de projets culturels spécialité:
- conduite de projets livre et multimédia: Clermont-Ferrand 2 Clermont-Ferrand

Création, innovation, informations numériques spécialités:
- création et édition numériques: ILOI Le Port, Paris 8 Saint-Denis
- design d'interface multimédia et Internet: Paris 13 Villetaneuse
- innovations en communication: Paris 13 Villetaneuse

Design, médias, technologies spécialités:
- design, médias, technologies: Paris 1 Paris, Télécom ParisTech Paris Valbonne
- multimédia interactifs: Paris 1 Paris

Document spécialité:
- document numérique en réseau: ingénierie de l'Internet: Caen Caen

Droit de l'innovation, de la communication et de la culture spécialités:
- droit des créations numériques: Paris 1 Paris, Paris 11 Sceaux
- droit du commerce électronique et de l'économie numérique: Paris 1 Paris

Droit des affaires spécialité:
- droit du multimédia et des systèmes d'information: Strasbourg Strasbourg

Droit international et européen spécialités:
- sécurité internationale, défense, intelligence économique: Nice Nice
- sécurité juridique et sécurité informatique dans les sociétés numérisées: Lille 2 Lille

Droit privé spécialités:
- droit des activités numériques: Paris 5 Malakoff
- droit du multimédia et de l'informatique: Paris 2 Paris

Économie des organisations et gouvernance spécialité:
- management des organisations de la net-économie: Amiens Amiens

Économie et gestion des entreprises spécialités:
- économie et conseil en TIC et e-business: Rennes 1 Rennes
- management des médias: IEP Rennes Rennes, Rennes 1 Rennes

Économie et management internationaux spécialité:
- intelligence, stratégie et compétitivité économique: Lille 1 Villeneuve-d'Ascq

Économie managériale et industrielle spécialité:
- économie des réseaux: concurrence, régulation et stratégie: Paris 2 Paris
- économie-gestion spécialité e-achat et marchés: Besançon Besançon

Études politiques spécialités:
- journalisme et communication à l'international: IEP Aix Aix-en-Provence
- management de l'information stratégique: IEP Aix Aix-en-Provence **A**

Histoire spécialité
- histoire et médias, conservation et documentation de l'image et du son: Paris 12 Créteil

Histoire, patrimoine et technologies numériques spécialité:
- technologies numériques appliquées à l'histoire: ENC Paris

Hypermédia et communication:
- CCI formation multimédia Annecy **A**, Savoie Annecy-le-Vieux **A**

Images et réseaux spécialité:
- signal, image et multimédia: Paris 13 Villetaneuse

Information et communication spécialités:
- applications informatiques: gestion, éducation aux médias, e-formation: Paris 3 Paris **A**
- architecture de l'information: ENS Lyon Lyon
- communication des organisations: Bordeaux Montaigne Pessac
- communication et contenus numériques: Aix-Marseille Marseille
- communication et édition numérique: Mulhouse Mulhouse
- communication et technologie numérique: Mines d'Alès Alès Nîmes
- communication Internet-gestion éditoriale: Lyon 2 Bron
- création de projets numériques: Lorraine Metz
- cultures et métiers du Web: UPEM Champs-sur-Marne **A**
- dispositifs sociotechniques d'information et de communication: Nice Nice
- édition imprimée et électronique: Toulouse 2 Montauban
- e-rédactionnel: Toulon Toulon
- études avancées en communication et médias-innovations sociétales et numériques: Aix-Marseille Marseille
- images et multimédia: conception, production écriture audiovisuelle et multimédia: Bordeaux Montaigne Pessac
- ingénierie de la création multimédia et direction artistique de projets: Nice Nice
- ingénierie des médias: Toulon Toulon **A**
- ingénierie des médias pour l'éducation: Poitiers Poitiers
- ingénierie des médias pour l'éducation: Poitiers Poitiers
- intelligence économique et analyse des risques: UPEM Serris **A**
- intelligence économique et territoriale: Toulon Toulon
- journalisme: Aix-Marseille Marseille, Paris 4 Neuilly-sur-Seine **A**, Bordeaux Montaigne Bordeaux **A**
- journalisme culturel: Paris 3 Paris **A**
- journalisme et médias numériques: Lorraine Metz
- métiers de l'expertise et de la recherche en information, communication et nouveaux médias: ILOI Le Port
- métiers de l'information et médias numériques: Nantes Nantes
- nouvelles pratiques journalistiques: Saint-Étienne Saint-Étienne
- pragmatique de la communication: ITIC Montpellier **A**
- pratiques professionnelles en contexte d'Internet: Rennes 2 Rennes
- production numérique et immersion: Toulon Toulon
- produits et services multimédia: Besançon Montbéliard
- scénarisation de contenus audiovisuels multi-support: Lyon 1 Villeurbanne, Lyon 3 Lyon
- sciences de l'information et de la communication appliquées aux ressources: patrimoniales des territoires Corse Corte
- web éditorial: Poitiers Poitiers

Information et communication dans les organisations spécialité:
- communication numérique, conduite de projets et veille stratégique: Paris 8 Saint-Denis

Information, communication, culture spécialité:
- euromédias: Dijon Dijon

Informatique spécialités:
- architectures et ingénierie du logiciel et du Web: Montpellier Montpellier

• conception et intégration multimédia : Lyon 2 Bron et Lyon
• design et développement d'objets, médias et espaces numériques : Cnam Angoulême
• e-services : Lille 1 Villeneuve-d'Ascq
• fiabilité, sécurité, intégration logicielle : Aix-Marseille Marseille
• image et multimédia : Toulouse 3 Toulouse
• image et plurimédia : Paris 5 Paris
• image, son, vidéo : Bordeaux Talence
• informatique et sciences de l'image : Strasbourg Strasbourg **A**
• ingénierie des contenus numériques en entreprise : La Rochelle La Rochelle
• ingénierie logicielle pour l'Internet : Université d'Artois Lens
• jeux et médias interactifs numériques : Cnam Angoulême, La Rochelle La Rochelle
• recherche d'informations multimédia : Aix-Marseille Marseille
• réseaux : Paris 6 Paris **A**, Télécom ParisTech Paris Valbonne
• stratégie Internet et pilotage des projets d'entreprise : Clermont-Ferrand 2 Aubière
• systèmes d'information et Internet : Corse Corte **A**
• systèmes et applications réparties : Paris 6 Paris
• technologies de l'hypermédia : Paris 8 Saint-Denis
• technologies de l'information et Web : Insa de Lyon Villeurbanne, Lyon 1 Villeurbanne
• technologies de l'Internet : Pau Pau
• web intelligence : Mines de St-Étienne Saint-Étienne, Saint-Étienne Saint-Étienne

■ Informatique, mathématiques, multimédia, télécommunications spécialité :
• réseaux de télécommunications, multimédia, automatique : Poitiers Poitiers

■ Ingénierie de la cognition, de la création et des apprentissages spécialité :
• Web, informatique et connaissances : Grenoble 2 Grenoble

■ Journalisme :
• Paris 1 Paris

■ Langues et interculturalité spécialité :
• Web, ingénierie des langues, traduction : Strasbourg Strasbourg **A**

■ Langues étrangères appliquées spécialités :
• conception de documentation multilingue et multimédia : Paris 7 Paris **A**
• langues et commerce électronique : Besançon Montbéliard

■ Langues, littératures, civilisations étrangères et régionales spécialité :
• journalisme européen : Paris 3 Paris

■ Lettres et arts spécialité :
• édition, livre et multimédia : UPEM Champs-sur-Marne **A**

■ Lettres et langues spécialité :
• édition, édition multimédia et rédaction professionnelle : Angers Angers, Le Mans Le Mans

■ Littérature, philologie et linguistique spécialité :
• métiers de l'édition et de l'audiovisuel : lettres et multimédia : Paris 4 Paris

■ Management spécialités :
• e-business : Paris 1 Paris
• management, ingénierie des services et technologies de l'information et de la communication UPEM Serris **A**
• marketing et technologies de l'information et de la communication : Angers Angers

■ Management des connaissances et innovation spécialité :
• industrie des réseaux et économie numérique : Télécom ParisTech Paris Valbonne

■ Marketing spécialité :
• marketing direct et e-commerce Lille 1 Lille **A**

■ Médias, information et communication spécialités :
• communication et multimédia : Paris 2 Paris **A**
• journalisme : Paris 2 Paris

■ Métiers du livre et humanités numériques spécialité
• édition, lexicographie, documentation numérique : Bretagne Sud Lorient

■ Patrimoines écrit, matériel, immatériel spécialité
• patrimoine écrit et édition numérique : Tours Tours

■ Science politique spécialité :
• journalisme : reportage et enquête : IEP Rennes Rennes, Rennes 1 Rennes

■ Sciences de l'information et des bibliothèques spécialité :
• Publication numérique : Enssib Villeurbanne

■ Sciences de l'information, audiovisuel et médias numériques spécialité :
• management de la communication audiovisuelle : Université de Valenciennes et du Hainaut Cambrésis Valenciennes

■ Sciences du management spécialité :
• commerce électronique : Dijon Dijon

■ Sciences et technologies de l'information et de la communication spécialités :
• gestion et pilotage de la production : UCO d'Angers Guingamp
• informatique, synthèse d'images et conception graphique : Limoges Limoges
• multimédia : Avignon Avignon, La Rochelle La Rochelle, Montpellier Montpellier

■ Sciences et technologies de l'information et de la communication : informatique - électronique spécialité
• image et intelligence artificielle-multimédia : Dijon Dijon

■ Sciences et technologies de l'information et des communications spécialité :
• informatique : Savoie Le Bourget-du-Lac

■ Sciences, arts et techniques de l'image et du son spécialités :
• ingénierie de la création et de la réalisation sonore pour le film, la vidéo et le multimédia : Aix-Marseille Aubagne
• ingénierie des métiers de la production audiovisuelle, film, vidéo multimédia : Aix-Marseille Aubagne
• ingénierie des systèmes de postproduction de l'image, film, vidéo et multimédia : Aix-Marseille Aubagne

■ Stratégie spécialité :
• consultant et chef de projet en organisation, logistique et e-business : Pau Bidart, Bordeaux Bidart et Bordeaux

A : apprentissage proposé
CFA : centre de formation d'apprentis

ÉCOLES SPÉCIALISÉES

Liste des formations en 1 à 5 ans spécialisées en Internet, multimédia, Web éditorial, e-journalisme, webdesign ou e-commerce. Ne sont recensés ici que les établissements qui ont diplômé une première cohorte d'étudiants. N'y figurent pas non plus les formations complémentaires (MBA, masters of science ou mastères spécialisés). Pour retrouver les formations relevant de l'informatique, consultez notre site **www.onisep.fr**.

3IS
Institut international de l'image et du son 78990 **Élancourt** 01 61 37 34 94 **Pr Hc** www.3is.fr
- Année préparatoire art et multimédia. Coût total : 5 320 euros. Durée : 1 an. Admission : dossier pour les candidats titulaires du bac.
- Journaliste audiovisuel spécialisations télévision, radio ou Web. Coût total : 22 800 euros. Durée : 3 ans. Admission en 1re année : dossier et concours (QCM de culture générale, économique, politique et géopolitique ; analyse d'un extrait de reportage et entretien) pour les titulaires du bac ; admission directe pour les élèves de la classe préparatoire ayant obtenu au moins 10/20 de moyenne ; en 2e année : dossier, entretien et tests techniques pour bac + 2 ; en 3e année : dossier, entretien et tests techniques pour bac + 2.

AFIP Formations
AFIP Formations 69100 **Villeurbanne** 04 78 37 81 81 **Pr Hc**
www.afip-formations.com
- Infographiste en multimédia. Coût total : 5 300 euros. Durée : 18 mois.

Aries
Aries École supérieure d'infographie 13857 **Aix-en-Provence** 04 42 24 20 00 **Pr Hc** www.ecoleaires.fr
- Bachelor concepteur 3D-vFX. Coût total : 20 100 euros. Durée : 3 ans. Admission : dossier de candidature, test et entretien.
- Concepteur 3D-VFX. Coût total : 8 600 euros. Durée : 1 an. Admission : dossier de candidature, test, entretien et book créatif **A**.
- Concepteur développeur informatique réalité augmentée mixte, jeux vidéo et mobiles. Coût total : 16 600 euros. Durée : 2 ans. Admission : dossier, test et entretien pour évaluer les connaissances en développement informatique et web **A**.
- Infographiste en multimédia. Coût total : 6 500 euros. Durée : 1 an. Admission : dossier de candidature, test et entretien **A**.
- Webmaster. Coût total : 7 900 euros. Durée : 1 an. Admission : dossier de candidature, test et entretien.

Aries
Aries École supérieure d'infographie 74960 **Cran-Gevrier** 04 50 23 00 00 **Pr Hc** www.ecolearies.fr
- Bachelor concepteur 3D-vFX. Coût total : 20 100 euros. Durée : 3 ans. Admission : dossier, test et entretien pour bac.
- Concepteur 3D-VFX. Coût total : 8 600 euros. Durée : 1 an. Admission : dossier, test, entretien et book créatif pour bac + 2.
- Infographiste en multimédia. Coût total : 6 500 euros. Durée : 1 an. Admission : dossier, test et entretien pour bac + 1.
- Webmaster. Coût total : 7 900 euros. Durée : 1 an. Admission : dossier, test et entretien pour bac + 1.

Aries
Aries École supérieure d'infographie 69007 **Lyon** 04 72 33 00 00 **Pr Hc**
www.ecolearies.fr
- Concepteur 3D-VFX. Coût total : 20100 euros. Durée : 3 ans. Admission : dossier, test, entretien pour bac.
- Infographiste en multimédia. Coût total : 6 500 euros. Durée : 1 an. Admission : dossier, entretien et test pour bac avec expérience ou après mise à niveau artistique.
- Webmaster. Coût total : 7900 euros. Durée : 1 an. Admission : dossier test et entretien pour bac + 1.

Aries
Aries École supérieure d'infographie 38240 **Meylan** 04 76 41 00 00 **Pr Hc**
www.ecolearies.fr
- Bachelor concepteur 3D-vFX. Coût total : 20 100 euros. Durée : 3 ans. Admission : dossier, test et entretien pour bac.
- Concepteur 3D-VFX. Coût total : 8 600 euros. Durée : 1 an. Admission : dossier, test, entretien et book créatif pour bac + 2.
- Infographiste en multimédia. Coût total : 6 500 euros. Durée : 1 an. Admission : dossier, test et entretien pour bac + 1.
- Webmaster. Coût total : 7 900 euros. Durée : 1 an. Admission : dossier, test et entretien pour bac + 1.

Aries
Aries École supérieure d'infographie 31000 **Toulouse** 05 61 62 00 00 **Pr Hc**
www.ecolearies.fr
- Bachelor concepteur 3D-vFX. Coût total : 20 100 euros. Durée : 3 ans. Admission : dossier de candidature, test et entretien pour évaluer le niveau de culture générale, artistique et la sensibilité créative.
- Concepteur 3D-VFX. Coût total : 8 600 euros. Durée : 1 an. Admission : dossier de candidature, test, entretien et book créatif.
- Infographiste en multimédia. Coût total : 9 300 euros. Durée : 1 an. Admission : dossier de candidature, test et entretien.
- Webmaster. Coût total : 7 900 euros. Durée : 1 an. Admission : dossier de candidature, test et entretien.

Autograf
Autograf 75020 **Paris** 01 43 70 00 22 **Pr Hc** www.autograf.fr
- Directeur artistique en design graphique option création numérique et interactive. Coût total : 13 000 euros. Durée : 2 ans. Admission : entretien et book pour bac + 3 en arts appliqués.
- Intégrateur de médias interactifs. Coût total : 6 500 euros. Durée : 1 an. Admission : dossier et entretien pour titulaire du bac.
- Maquettiste infographiste multimédia. Coût total : 5 500 euros. Durée : 1 an. Admission : dossier et entretien.

Cap Vers
Cap Vers 44800 **Saint-Herblain** 02 40 89 95 10 **Pr Hc**
www.cap-vers.fr
- Responsable marketing et communication interactive. Coût total : 5 100 euros. Durée : 10 mois. Admission : dossier, tests écrits et entretien pour les titulaires d'un bac + 2 tertiaire.

CCI formation Est - CFA
CCI formation Est - CFA 97470 **Saint-Benoît** 02 62 50 02 95 **Consulaire**
www.reunion.cci.fr/formation
- Développeur-intégrateur de solutions intranet-internet. Durée : 2 ans. Admission : tests et entretien de motivation avec bac + 1 **A**.

■ **CCI Formation multimédia**
CCI Formation multimédia 74000 **Annecy** 04 50 33 72 18 **Consulaire** www.formation-cci.fr
• Concepteur réalisateur multimédia. Coût total : 0 euro. Durée : 2 ans. Admission : dossier, épreuves écrites et entretien pour bac + 2 dans les domaines de l'image, de la communication ou de l'informatique **A**.

■ **CCI formation nord - CFA**
CCI formation nord - CFA 97495 **Saint-Denis** 02 62 48 35 12 **Consulaire** www.reunion.cci.fr/formation
• Chef de projet en marketing Internet et conception de site. Durée : 1 an **A**.

■ **CFA - Campus Cifop**
CFA de la CCI d'Angoulême - Campus CIFOP 16340 **L'Isle-d'Espagnac** 05 45 90 13 13 **Consulaire** www.cifop.fr
• Développeur-intégrateur de solutions Intranet-internet. Durée : 2 ans. Admission : dossier, tests et entretien avec bac **A**.

■ **CFA CESFA CESI des Pays de la Loire**
CFA du CESI - CESFA des Pays de la Loire 44700 **Orvault** 02 28 01 15 55 **CFA** www.cesi-entreprises.fr
• Développeur web. Durée : 2 ans. Admission : dossier pour titulaires d'un bac ou équivalent **A**.

■ **CFA de la CCI Alsace**
CFA de la CCI d'Alsace - Site de Colmar 68001 **Colmar** 03 89 20 22 00 **Consulaire** www.pole-formation-cci.fr
• Développeur-intégrateur de solutions intranet-internet. Durée : 2 ans. Admission : dossier et entretien, éventuellement tests de connaissances en informatique pour bac + 1 **A**.

■ **CFA de l'Adefa - UFA Amigraf**
CFA de l'Adefa - UFA Amigraf 59000 **Lille** 03 20 57 09 82 **CFA** www.amigraf.com
• Infographiste en multimédia. Durée : 1 an **A**.

■ **CFA des métiers de la communication visuelle et du multimédia**
CFA des métiers de la communication visuelle et du multimédia 93170 **Bagnolet** 01 55 82 41 51 **CFA** www.campusfonderiedelimage.org
• Chef de projet en marketing Internet et conception de site. Durée : 1 an **A**.
• Intégrateur de médias interactifs. Durée : 2 ans. Admission : test de connaissances en infographie, audiovisuel ou programmation, entretien et présentation de travaux pour titulaires du bac **A**.
• Maquettiste infographiste multimédia. Durée : 2 ans. Admission : dossier pour les candidats issus d'une classe de 2de GT, 2e année de CAP ou BEP **A**.

■ **CFA Gobelins l'école de l'image**
CFA Gobelins l'école de l'image - Site de Paris 75013 **Paris** 01 40 79 92 12 **Consulaire** www.gobelins.fr
• Concepteur réalisateur multimédia option design. Durée : 2 ans. Admission : dossier et épreuves orales et techniques (QCM d'anglais, entretien de motivation et présentation de réalisations multimédia : book ou dossier technique) pour les titulaires d'un bac + 2 dans les domaines du design graphique, de la communication visuelle **A**.
• Concepteur réalisateur multimédia option développement. Durée : 2 ans. Admission : dossier et épreuves orales et techniques (QCM d'anglais, entretien de motivation et présentation de réalisations multimédia : book ou dossier technique) pour les titulaires d'un bac + 2 dans les domaines du design graphique, de la communication visuelle **A**.

■ **Cifacom**
Cifacom 93100 **Montreuil** 01 41 72 08 32 **Pr Hc** www.cifacom.com
• Bachelor réalisateur audiovisuel. Coût total : 2 800 euros. Durée : 1 an. Admission : test et entretien individuel pour les titulaires d'un bac + 2.
• Chef de projet multimédia. Coût total : 5 700 euros. Durée : 3 ans. Admission : dossier, tests, entretien individuel pour les candidats de niveau bac.
• Cycle préparatoire multimédia 3D. Coût total : 5 100 euros. Durée : 1 an. Admission : dossier, test et entretien individuel pour les candidats de niveau bac.

■ **Ciné Créatis**
Ciné Créatis 44200 **Nantes** 02 40 74 00 32 **Pr Hc** www.cinecreatis.net
• Diplôme audiovisuel nouvelles technologies de l'image et effets spéciaux, concepteur. Coût total : 17 910 euros. Durée : 3 ans. Admission : dossier et entretien pour titulaires du bac.

■ **COM_ART**
COM'ART 75001 **Paris** 01 83 96 86 86 **Pr Hc** www.comart-design.com
• Concepteur et intégrateur multimédia. Coût total : 6 100 euros. Durée : 1 an. Admission : dossier personnel et entretien pour les candidats de niveau bac.

■ **Créapôle-ESDI**
Créapôle ESDI 75001 **Paris** 01 44 88 20 20 **Pr Hc** www.creapole.fr
• Certificat Créapôle concepteur-créateur. Coût total : 15 800 euros. Durée : 2 ans. Admission : dossier, entretien et tests ou épreuves d'orientation (analyse des travaux personnels, épreuves créatives, entretien) pour bac + 3.
• Certificat de spécialisation en communication visuelle - multimédia. Coût total : 24 900 euros. Durée : 3 ans. Admission : dossier, tests et entretien pour les candidats de niveau bac.

■ **EAP**
EAP PrepaSeine - InfoSeine 75006 **Paris** 01 43 54 23 14 **Pr Hc** www.eapseine.fr
• Dessinateur-concepteur option infographie multimédia. Coût total : 6 000 euros. Durée : 1 an. Admission : entretien de motivation et dossier artistique pour les titulaires d'un bac + 1 ayant une pratique artistique ou ayant fait 1 an de dessin.

■ **e-artsup**
33000 **Bordeaux** 05 57 87 33 61 **Pr Hc** www.e-artsup.net
• Responsable de la création (projets *on-line* et *off-line*). Coût total : 22 470 euros. Durée : 5 ans. Admission en 1re année : test et entretien, dossier (travaux personnels) pour titulaires du bac ; en 2e année : test et entretien, dossier (travaux personnels) pour bac + 1 ; en 3e année : test et entretien, dossier (travaux personnels) pour bac + 2.

■ **e-artsup**
94270 **Le Kremlin-Bicêtre** 01 44 08 00 62 **Pr Hc** www.e-artsup.net
• Responsable de la création (projets *on-line* et *off-line*). Coût total : 40 400 euros. Durée : 5 ans. Admission : dossier (book), test et entretien pour les candidats titulaires du bac.

■ **e-artsup**
59800 **Lille** 03 20 15 84 40 **Pr Hc** www.e-artsup.net
• Responsable de la création (projets *on-line* et *off-line*). Coût total : 40 650 euros. Durée : 5 ans. Admission : dossier (book), test et entretien.

A : apprentissage proposé
CFA : centre de formation d'apprentis
Pr Hc : privé hors contrat
Pr Sc : privé sous contrat

ÉCOLES SPÉCIALISÉES (suite)

e-artsup
69007 **Lyon** 01 44 08 01 19 **Pr Hc**
www.e-artsup.net
• Responsable de la création (projets *on-line* et *off-line*). Coût total : 37 450 euros. Durée : 5 ans. Admission : dossier (book), test et entretien pour titulaire du bac.

e-artsup
44000 **Nantes** 01 44 08 00 05 **Pr Hc**
www. e-artsup.net
• Responsable de la création (projets *on-line* et *off-line*). Coût total : 37 450 euros. Durée : 5 ans. Admission : dossier (book), test et entretien.

École de design Nantes Atlantique
L'École de design Nantes Atlantique 44306 **Nantes** 02 51 13 50 70 **Consulaire**
www.lecolededesign.com
• Diplôme de design de l'École de design Nantes Atlantique (espace, graphisme, interactivité, produit). Coût total : 33 500 euros. Durée : 5 ans. Admission en 1re année : dossier de candidature, jury d'admission et production personnelle sur un thème donné ; en 2e année : dossier de candidature, jury d'admission et examen du porfolio de travaux personnels ; en 3e année : dossier de candidature, jury d'admission et examen du portfolio de travaux personnels ; en 4e année : examen du portfolio et du dossier de candidature.

E-COD
École de la communication et de la création digitale (E-COD) 33049 **Bordeaux** 05 56 79 52 11/50 43 **Consulaire**
www.ecod-formation.com
• Chef de projet en marketing Internet et conception de site. Coût total : 5 863 euros. Durée : 1 an. Admission : année bac + 2.
• Chef de projet web : design et développement. Coût total : 9 900 euros. Durée : 1 an. Admission : dossier pour bac + 2.

École Émile Cohl
École Émile Cohl 69003 **Lyon** 04 72 12 01 01 **Pr Sc** **www.cohl.fr**
• Dessinateur-concepteur option infographie multimédia. Coût total : 39 250 euros. Durée : 5 ans. Admission : dossier artistique et entretien pour titulaires du bac.

École Formasup'82
Formasup'82 82000 **Montauban** 05 63 20 10 00 **Pr Hc** **www.formasup.com**
• Infographiste en multimédia. Coût total : 5 980 euros. Durée : 2 ans. Admission : dossier, entretien et tests techniques pour bac.

École INFA
École INFA 94736 **Nogent-sur-Marne** 01 45 14 64 00 **Pr Hc**
www.infa-formation.com
• Concepteur d'applicatifs web et mobile. Coût total : 4 163 euros. Durée : 12 mois. Admission : dossier, entretien de motivation professionnelle et présentation de travaux personnels (sites Internet, applications), test de connaissances en informatique pour les titulaires d'un bac + 2 ayant de bonnes bases en développement informatique.

École Intuit-lab
École Intuit-lab 75015 **Paris** 01 43 57 07 75 **Pr Hc** **www.ecole-intuit-lab.com**
• Formation de concepteur en communication visuelle option multimédia. Coût total : 30 960 euros. Durée : 4 ans. Admission en 1re année : entretien et présentation de travaux personnels pour les candidats de niveau bac ;
en 2e année : concours, entretien et présentation de travaux pour les candidats issus d'une année préparatoire aux écoles d'art ;
en 3e année : concours, entretien et évaluation de dossier de travaux pour bac + 2 en communication visuelle ;
en 4e année : concours, entretien et évaluation de dossier de travaux pour bac + 3 en communication visuelle.

École supérieure de formation au design
Études supérieures des techniques d'édition numérique 37000 **Tours** 02 47 80 02 15 **Pr Hc**
www.groupe-esten.fr
• Bachelor en édition numérique. Coût total : 19 500 euros. Durée : 3 ans. Admission : dossier, journée de sélection dont entretien de motivation pour titulaires du bac.

ESMI
École supérieure des métiers de l'image 33000 **Bordeaux** 05 56 48 14 70 **Pr Hc**
www.esmi-bordeaux.net
• Infographiste multimédia (ESMI). Coût total : 10 200 euros. Durée : 2 ans. Admission en 1re année : entretien avec dossier scolaire et dossier de travaux artistiques pour bac ;
en 2e année : entretien avec dossier scolaire ou CV et dossier de travaux artistiques pour bac + 2 ou validation des acquis.

École supérieure des services aux entreprises
École supérieure des services aux entreprises 14000 **Caen** 02 31 53 30 30 **Pr Hc** **www.e2se.fr**
• Concepteur réalisateur web. Coût total : 4 790 euros. Durée : 1 an. Admission : dossier et entretien pour bac + 2.

ECS
European Communication School 75016 **Paris** 01 46 47 29 90 **Pr Hc**
www.ecs-paris.com.
• Mastère en communication digitale. Coût total : 6 200 euros. Durée : 1 an. Admission : entretien de motivation et examen d'admission (90 euros en 2012-2013) pour bac + 4.

ECV
École de communication visuelle 13100 **Aix-en-Provence** 04 42 93 41 13 **Pr Hc**
www.ecv.fr/ecole/aix-en-provence
• Directeur artistique en communication visuelle et multimédia. Coût total : 39 800 euros. Durée : 5 ans. Admission : en 1re année dossier, entretien et présentation d'un dossier de travaux personnels et lettre de motivation ;
en 2e année : entretien individuel et présentation de travaux personnels à Paris pour les titulaires d'un bac + 1 à dominante art ; en 3e année : entretien individuel et présentation de travaux personnels à Paris pour les titulaires d'un diplôme bac + 2 à dominante art.

ECV
École de communication visuelle 33300 **Bordeaux** 05 56 52 90 52/05 57 14 21 10 **Pr Hc**
www.ecv.fr/ecole/bordeaux
• Directeur artistique en communication visuelle et multimédia. Coût total : 41 600 euros. Durée : 5 ans. Admission en 1re année : dossier, épreuve de dessin et de communication graphique, présentation d'un book et entretien pour bac ;
en 2e année : formation supérieure en communication graphique ou animation pour bac + 1.

ECV
École de communication visuelle 59000 **Lille** 03 28 52 84 60 **Pr Hc**
www.ecv.fr/ecole/lille
• Directeur artistique en communication visuelle et multimédia. Coût total : 39 800 euros. Durée : 5 ans.

Admission en 1re année : entretien, dossier de travaux personnels et lettre de motivation pour bac ; en 2e année : concours avec un bac + 1 de type mise à niveau arts appliqués, atelier préparatoire, cursus en arts graphiques ; en 3e année : concours à Paris en juin pour bac + 2 en arts graphiques.

ECV
École de communication visuelle 44000 **Nantes** 02 40 69 15 13 **Pr Hc**
www.ecv.fr/ecole/nantes
• Directeur artistique en communication visuelle et multimédia. Coût total : 39 710 euros. Durée : 5 ans. Admission : dossier de travaux personnels et entretien ou concours pour bac correspondant en arts appliqués.

ECV
École de communication visuelle 75011 **Paris** 01 55 25 80 10 **Pr Hc**
www.ecv.fr/ecole/paris
• Directeur artistique en communication visuelle et multimédia. Coût total : 40 480 euros. Durée : 5 ans. Admission en 1re année : dossier de travaux personnels, lettre de motivation et entretien pour les titulaires du bac ; en 2e année : concours pour bac + 1 ; en 3e année : concours pour bac + 2 en arts graphiques ; en 4e année : dossier pour bac + 3 en design ; en 5e année : dossier pour bac + 4 en design.

EESA
École Georges Méliès 94130 **Orly** 01 48 90 86 23 **Pr Hc**
www.ecolegeorgesmelies.fr
• Diplôme d'école privée de consultant en effets spéciaux (EESA). Coût total : 27 200 euros. Durée : 4 ans. Admission : concours (dessin, QCM culture générale et cinématographique, entretien, présentation du book et évaluation des motivations) pour candidats de niveau bac.

Efficom
59000 **Lille** 03 20 15 16 77 **Pr Hc**
www.efficom-lille.fr
• Assistant web et digital. Coût total : 9 200 euros. Durée : 2 ans. Admission : dossier, tests et entretien pour titulaires du bac.
• Concepteur réalisateur web. Coût total : 5 000 euros. Durée : 1 an. Admission : dossier, tests et entretien pour bac + 2 ; Deux sessions de formation : octobre et mars.
• Manager de projet web. Coût total : 10 300 euros. Durée : 2 ans. Admission en 1re année : dossier, tests et entretien pour bac + 3 ; en 2e année : dossier, tests et entretien pour bac + 4.

Efficom
L'École supérieure, de la communication, de l'informatique, du web, du graphisme et de l'audiovisuel 92120 **Montrouge** 01 41 17 12 12 **Pr Hc** **www.efficom.fr**
• Concepteur réalisateur web. Coût total : 5 990 euros. Durée : 1 an. Admission : dossier de candidature, tests d'admission et entretien de motivation.
• Manager de projet web. Coût total : 12 400 euros. Durée : 2 ans. Admission : dossier de candidature, tests et entretien de motivation pour bac + 3.
• Monteur graphiste vidéo. Coût total : 5 200 euros. Durée : 1 an. Admission : dossier de candidature et entretien de motivation.

Efrei
École d'ingénieur des technologies de l'information et de la communication 94800 **Villejuif** 01 46 77 64 67 **Pr Sc**
www.efrei.fr
• Chef de projet en marketing Internet et conception de site. Durée : 1 an **A**.

EGC de Martinique
École de gestion et de commerce de Martinique 97200 **Fort-de-France** 05 96 64 58 63 **Consulaire**
www.egc-martinique.com
• Chef de projet en marketing Internet et conception de site. Durée : 1 an.

EMC
École supérieure des métiers de l'image, du son et du multimédia 92240 **Malakoff** 01 46 55 39 19 **Pr Hc** **www.emc.fr**
• Année préparatoire art et multimédia. Coût total : 4 800 euros. Durée : 1 an. Admission en 1re année : dossier de candidature, book et entretien individuel pour les candidats titulaires du bac (toutes les sections) ; en 2e année : dossier de travaux de création artistique pour l'admissibilité et entretien d'admission avec un jury pour les titulaires d'un bac + 2.

EPH
EPH 75016 **Paris** 01 42 61 58 51 **Pr Hc** **www.leph.fr**
• Certificat EPH Community Manager. Coût total : 6 200 euros. Durée : 2 ans. Admission : dossier, tests, entretien pour bac + 3.

EPSAA
École professionnelle supérieure d'arts graphiques 94200 **Ivry-sur-Seine** 01 56 20 24 70 **Public** **www.epsaa.fr**
• Formation en multimédia. Coût total : 440 euros. Durée : 1 an. Admission : oral de motivation et présentation d'un book pour les titulaires d'un bac + 2 (BTS communication visuelle ou équivalent).

Esag
École supérieure d'arts graphiques et d'architecture intérieure 75006 **Paris** 01 42 22 55 07 **Pr Hc** **www.penninghen.fr**
• Directeur artistique en art graphique et design numérique. Coût total : 47 510 euros. Durée : 5 ans. Admission en 1re année : dossier pour les candidats titulaires du bac ; en 2e année : concours (épreuve de dessin et composition graphique ou composition volume) et dossier de travaux personnels pour les candidats issus d'un atelier préparatoire ; en 3e année : concours et dossier de travaux personnels (dans les domaines de l'art graphique et de la communication visuelle) pour les titulaires d'un bac + 2 ; en 4e année : entretien sur rendez-vous ou concours et dossier de travaux personnels pour les titulaires d'un bac + 3 (licence, DNAP, *Bachelor of Arts*) ; en 5e année : entretien sur rendez-vous et dossier pour les titulaires d'un bac + 5.

Esarc - ESGCF
Esarc Evolution - École supérieure de gestion, commerce et finance 13090 **Aix-en-Provence** 04 42 29 74 72 **Pr Hc** **www.esgcf.fr**
Responsable marketing et commercial. Coût total : 17 850 euros. Durée : 3 ans Admission en 1re année : concours propre avec bac ; en 3e année : concours propre avec bac + 2.

Esarc - ESGCF
Esarc Evolution - École supérieure de gestion, commerce et finance 31676 **Labège** 05 61 39 97 98 **Pr Hc** **www.esarc.fr**
• Chef de projet multimédia. Coût total : 18 750 euros. Durée : 3 ans. Admission : concours pour titulaires du bac.
• Chef de projet web et multimédia. Coût total : 4 400 euros. Durée : 1 an. Admission : dossier, tests et entretien pour bac + 2.

A : apprentissage proposé
CFA : centre de formation d'apprentis
Pr Hc : privé hors contrat
Pr Sc : privé sous contrat

• Responsable marketing et commercial. Coût total : 17 850 euros. Durée : 3 ans. Admission en 1re année : concours propre avec bac ; en 3e année : dossier et entretien avec bac + 2.

■ Esarc - ESGCF

Esarc Evolution - École supérieure de gestion, commerce et finance 34980 **Saint-Clément** 04 67 91 31 51 **Pr Hc** www.esgcf.fr

• Responsable marketing et commercial. Coût total : 18 720 euros, durée : 3 ans. Admission en 1re année : concours propre avec bac ; en 3e année : concours propre avec bac + 2.

■ ESC LA ROCHELLE

Groupe Sup de Co La Rochelle 17024 **La Rochelle** 05 46 51 77 00 **Consulaire** www.esc-larochelle.fr

• Diplôme d'études supérieures en commerce et management opérationnel. Coût total : 20 190 euros. Durée : 3 ans. Admission : en 1re année ; en 2e année : dossier et entretiens en français et en anglais avec bac + 1 étranger ; en 3e année : dossier et entretiens en français et en anglais avec bac + 2 étranger.

■ ESGCI

École supérieure de gestion et commerce international - Pôle ESG 75012 **Paris** 01 55 25 46 27 **Pr Sc** www.esgci.com

• Responsable marketing et commercial. Coût total : 20 650 euros, durée : 3 ans. Admission en 1re année : dossier, tests et entretien avec bac ; en 2e année : dossier, tests et entretien avec bac + 1 ; en 3e année : dossier, tests et entretien avec bac + 2.

■ ESGI

École supérieure de génie informatique (ESGI) - Réseau GES 75019 **Paris** 01 44 68 11 47 **Pr Sc** www.esgi.fr

• Chef de projet logiciel et réseaux. Coût total : 17 800 euros, durée : 3 ans Admission en 1re année : dossier, tests et entretien pour titulaires du bac motivés par l'informatique et les nouvelles technologies ; en 2e année : dossier, tests et entretien pour bac + 1 en informatique ou scientifique - mise à niveau éventuelle en algorithmique, Langage C, Langage SQL, Langage PHP ; en 3e année : dossier, tests et entretien pour bac + 2 en informatique ou ayant suivi un cycle correspondant aux spécialisations de l'ESGI. Mise à niveau éventuelle en algorithmique, Langage C, Langage SQL, Langage PHP.

■ ESDM - Groupe Cepreco

École supérieure de design et de merchandising Groupe Cepreco 59053 **Roubaix** 03 20 28 29 34 - 03 20 24 23 23 **Consulaire** www.esdm-cepreco.fr

• Chef de projet webdesigner. Coût total : 0 euro. Durée : 1 an. Admission : dossier et entretien de motivation (avec présentation sur CD de réalisations spécifiques) entre mars et septembre pour bac + 2 graphiste-infographiste, concepteur-rédacteur, communication visuelle, licence pro multimédia, multicanal.

• Titre consulaire de rédacteur marketing opérationnel - option Web. Durée : 1 an. Admission : dossier de candidature, tests (évaluation des capacités créatives et rédactionnelles) et entretien de motivation (présentation d'écrits professionnels et personnels) pour titulaires d'un diplôme de niveau bac + 2 **A**.

■ Esicad

Esicad - La compagnie de formation 34097 **Montpellier** 04 67 10 57 56 **Pr Hc** www.esicad.com

• Designer numérique. Coût total : 4 500 euros. Durée : 1 an.

■ ESPL

École supérieure des Pays de Loire 49066 **Angers** 02 41 73 20 30 **Pr Hc** www.espl.fr

• Responsable marketing et communication interactive. Coût total : 5 500 euros. Durée : 1 an. Admission : dossier, tests et entretien.

■ Estacom

Estacom 18001 **Bourges** 02 48 67 55 56 **Consulaire** www.estacom.fr

• Responsable marketing et e-commerce. Coût total : 10 200 euros, durée : 2 ans Admission : dossier, tests, entretien.

■ ESTEI

École supérieure technologies électronique informatique infographie 33300 **Bordeaux** 05 56 50 11 97 **Pr Hc** www.estei.fr

• Chef de projet web. Coût total : 11 400 euros. Durée : 2 ans. Admission en 1re année : dossier, entretien et examen de spécialité pour bac + 3 (infographie, multimédia, design) ; en 2e année : dossier, entretien et examen de spécialité pour bac + 4 (infographie, multimédia, design).

■ Esupcom

Esupcom Paris, l'école supérieure de communication 92120 **Montrouge** 01 41 17 12 12 **Pr Hc** www.esupcom.com

• E-communication. Coût total : 12 400 euros. Durée : 2 ans. Admission : dossier, tests et entretien de motivation pour bac + 3.

■ ETS

École européenne 75017 **Paris** 01 44 29 23 60 **Pr Hc** www.ecole-europeenne.com

• Diplôme européen d'études supérieures webmaster. Coût total : 5 450 euros. Durée : 1 an.

• E-communication. Coût total : 11 400 euros. Durée : 2 ans.

■ FIM Saint-Lô

• Groupe FIM Campus Saint-Lô 50006 **Saint-Lô** 02 33 77 43 50 **Consulaire** www.fim.fr

• Chef de projet en marketing Internet et conception de site. Coût total : 2 900 euros. Durée : 1 an. Admission : dossier, tests et entretien pour bac + 2.

• Intégrateur de médias interactifs. Coût total : 7 700 euros. Durée : 2 ans. Admission : épreuves et entretien pour bac ; sélection de janvier à septembre.

■ Gobelins - École de l'image - Paris

Gobelins - l'École de l'image 75013 **Paris** 01 40 79 92 79 **Consulaire** www.gobelins.fr

• Manager en ingénierie de la communication numérique interactive (Gobelins). Coût total : 9 900 euros. Durée : 10 mois. Admission : tests écrits et entretien oral (test d'anglais, test technique sur la connaissance des usages, marchés, technologies du multimédia et du Web, entretien de motivation, dossier de travaux personnel) pour les titulaires d'un bac + 4.

■ Groupe Sciences U Lyon - Crespa

Groupe Sciences U Lyon - Crespa 69003 **Lyon** 04 26 29 01 01 **Pr Hc** www.sciences-u-lyon.fr

• Concepteur réalisateur web. Coût total : 5 920 euros. Durée : 1 an. Admission : niveau bac + 2 validé.

■ Hautes études de journalisme

Hautes études de journalisme 34070 **Montpellier** 04 99 52 98 68 **Pr Hc** www.hej-formation-journalisme.com

• Bachelor e-journalisme. Coût total : 16 800 euros. Durée : 3 ans. Admission : dossier et entretien avec bac.

■ Hétic

Hétic, la grande école de l'Internet 93100 **Montreuil** 01 41 72 77 71 **Pr Hc** www.hetic.net

• Expert en ingénierie et management de la communication numérique. Coût total : 26 600 euros. Durée : 5 ans. Admission en 1re année : dossier, épreuves écrites et entretien pour bac + 2. Admission : dossier, épreuves écrites et entretien.

Ican
Institut de création et d'animation numériques 75012 **Paris** 01 44 68 11 47 **Pr Hc** www.ican-design.fr
• Consultant expert. Coût total : 12 600 euros. Durée : 2 ans. Admission : dossier, test et entretien pour les candidats titulaires d'un bac + 3.
• Designer numérique. Coût total : 17 820 euros. Durée : 3 ans. Admission en 1re année : dossiers, tests et entretien pour les candidats titulaires du bac ; en 2e année : dossier, tests et entretien pour les candidats titulaires d'un bac + 1 ; en 3e année : dossier, test et entretien pour les candidats titulaires d'un bac + 2.

Icoges Pays de la Loire
49100 **Angers** 02 41 25 35 15 **Pr Hc** www.icoges-paysdeloire.fr
• Diplôme européen d'études supérieures informatique et réseaux. Coût total : 4 450 euros. Durée : 1 an. Admission : dossier, tests et entretien avec niveau bac + 2 ou bac + 2 validé.

Icoges
75015 **Paris** 01 45 58 17 33/01 55 26 95 70 **Pr Hc** www.icoges.fr
• Communication spécialité stratégies publicitaires et communication numérique. Coût total : 10 500 euros. Durée : 2 ans. Admission : dossier, tests et entretien pour bac + 3.
• Diplôme européen d'études supérieures informatique et réseaux. Coût total : 4 600 euros. Durée : 1 an. Admission : dossier, tests et entretien pour bac + 2.
• Diplôme européen d'études supérieures webmaster. Coût total : 4 600 euros. Durée : 1 an. Admission : dossier, tests et entretien pour bac + 2.

Idrac Amiens
Idrac - Ifag - Espi - Sup de Com Amiens 80000 **Amiens** 03 22 71 71 00 **Pr Sc** www.ecoles-idrac.com/Idrac/Campus-d-Amiens
• Bachelor informatique et réseaux. Coût total : 7 650 euros. Durée : 1 an.

IEMF'3D
Institut d'enseignement et de formation multimédia 34470 **Pérols** 04 67 07 50 00 **Pr Hc** www.iefm3d.com
• Bachelor graphic design multimédia. Coût total : 17 850 euros. Durée : 3 ans. Admission : test et entretien avec bac ou à l'issue de 1 année préparatoire intégrée.
• Bachelor webmaster webdesigner. Coût total : 17 850 euros. Durée : 3 ans. Admission : test et entretien avec bac ou à l'issue de 1 année préparatoire intégrée.
• Management conception et réalisation multimédia. Coût total : 13 400 euros. Durée : 2 ans.

Iesa
Institut d'enseignement supérieur par alternance 67000 **Strasbourg** 03 88 37 13 12 **Pr Hc** www.contrat-pro.fr
• Diplôme européen d'études supérieures webmaster. Coût total : 4 100 euros. Durée : 1 an.

Iesa multimédia
Iesa multimédia 75002 **Paris** 01 42 86 57 01 **Pr Hc** www.iesamultimedia.com
• 1er cycle campus édition et communication numériques. Coût total : 20 850 euros. Durée : 3 ans. Admission en 1re année : test et entretien pour titulaire du bac ou de niveau bac ; en 2e année : test, entretien et présentation du book pour bac + 2 ou 3 en informatique ou en communication.
• 2e cycle direction et stratégie digitale. Coût total : 13 900 euros. Durée : 2 ans. Admission en 1re année : dossier, entretien et test pour bac + 3 (en information-communication ou informatique) ou BTS communication visuelle.
• 3e cycle concepteur-réalisateur multimédia. Coût total : 8 250 euros. Durée : 1 an. Admission : dossier et entretien individuel pour bac + 4 (master dans le domaine des NTIC).
• 3e cycle responsable de production multimédia. Coût total : 9 850 euros. Durée : 1 an. Admission : dossier, entretien individuel et tests pour les titulaires d'un bac + 4.
• 3e cycle directeur de projet multimédia. Coût total : 9 800 euros. Durée : 1 an. Admission : dossier de travaux personnels, entretien et tests pour les titulaires d'un bac + 4 (master dans le domaine des NTIC).

IIM Institut de l'Internet et du multimédia
Institut de l'Internet et du multimédia (IIM) 92916 **Courbevoie** 01 41 16 75 11 **Pr Hc** www.iim.fr
• Chef de projet multimédia. Coût total : 18 800 euros. Durée : 3 ans. Admission en 1re année : dossier et entretien de motivation pour bac ; en 2e année : dossier et entretien pour bac + 1 ; en 3e année : dossier et entretien pour bac + 2 ou bac + 3 informatique, multimédia ou communication.
• Manager de la communication numérique. Coût total : 13 000 euros. Durée : 2 ans. Admission : dossier, entretien pour bac + 3 dans les domaines de l'Internet et du multimédia **A**.
• Réalisateur numérique. Coût total : 13 000 euros. Durée : 2 ans. Admission : dossier et entretien avec un bac + 3 et un niveau multimédia satisfaisant **A**.

Iloi - Institut de l'image de l'Océan Indien
Institut de l'Image de l'Océan Indien 97420 **Le Port** 02 62 43 08 81 **Pr Hc** www.iloi.fr
• MAAJIC Multimédia, audiovisuel, animation, jeu vidéo, informatique et communication. Coût total : 1 300 euros. Durée : 3 ans. Admission : concours (QCM de culture générale, épreuve de dessin et d'expression écrite).
• MAAJOR Multimédia, audiovisuel, animation, Jeu vidéo, orienté réalisation. Coût total : 1 000 euros. Durée : 2 ans. Admission : entretien.
• Préparation à l'accès aux études supérieures en art et aux technologies de l'information. Coût total : 300 euros. Durée : 1 an. Admission : concours d'admissibilité (QCM de culture générale, épreuves de dessin et d'expression écrite) et entretien d'admission pour niveau BEP ou bac.

Ina Sup Ina
École supérieure de l'audiovisuel et des nouveaux médias 94366 **Bry-sur-Marne** 01 49 83 29 26 **Public** www.ina-expert.com
• Diplôme Ina documentaliste multiméDi@s. Coût total : 1 500 euros. Durée : 1 an. Admission : dossier avec composition écrite et entretien pour les titulaires d'un bac + 2 **A**.
• Diplôme Ina gestion de patrimoines audiovisuels. Coût total : 3 000 euros. Durée : 2 ans. Admission : dossier, épreuve écrite en mai et entretien en juin pour les titulaires d'un bac + 3.

A : apprentissage proposé
CFA : centre de formation d'apprentis
Pr Hc : privé hors contrat
Pr Sc : privé sous contrat

ÉCOLES SPÉCIALISÉES (suite)

Institut européen de journalisme (groupe ECS)
Institut européen de journalisme (Mediaschoolgroup) 75016 **Paris** 0153922300 **Pr Hc** www.iej-paris.com
• Presse écrite Internet. Coût total: 6 200 euros. Durée: 1 an. Admission: dossier, examen écrit et entretien de motivation pour titulaire d'une licence en journalisme.

Institut G4
Institut G4 13013 **Marseille** 08 11 69 00 00 **Pr Hc** www.g-4.fr
• Chef de projet système d'information option multimédia. Coût total: 9 000 euros. Durée: 5 ans. Admission: dossier, entretien et examen écrit pour bac + 2.

Iris
Institut supérieur de ressources informatiques 75017 **Paris** 01 44 01 86 70 **Pr Hc** www.ecoleiris.fr
• Diplôme européen d'études supérieures webmaster. Coût total: 5 450 euros. Durée: 1 an. Admission: test et entretien pour bac + 2.
• E-communication. Coût total: 11 400 euros. Durée: 2 ans.
• Traffic manager. Coût total: 5 450 euros. Durée: 1 an. Admission: sur dossier et entretien.

Iscid-CO
Institut supérieur de commerce international de Dunkerque - Côte 59942 **Dunkerque** 03 28 23 68 00 **Public** www.iscid-co.fr
• Bachelor in International Sales and E-Business (ISEB). Coût total: 5 000 euros. Durée: 1 an. Admission: concours propre pour bac + 2

Iscid-CO
Institut supérieur de commerce international de Dunkerque - Côte 62967 **Longuenesse** 03 28 23 68 00 **Public** www.iscid-co.fr
• Bachelor in International Sales and E-Business (ISEB). Coût total: 5000 euros. Durée: 1 an. Admission: concours propre pour bac + 2.

Istem
Istem 59000 **Lille** 03 20 07 20 07 **Pr Hc** www.istemblog.com
• E-communication. Coût total: 9 600 euros. Durée: 2 ans. Admission: dossier et entretien avec bac + 3.
• Diplôme européen d'études supérieures e-commerce. Coût total: 4 670 euros, durée: 1 an Admission: dossier et entretien.

IT Paris Eiffel
IT Paris Eiffel 75015 **Paris** 01 44 39 25 60 **Pr Hc** www.it-pariseiffel.fr
• Bachelor informatique option Web et mobilité. Coût total: 7 150 euros. Durée: 1 an. Admission: dossier, test et entretien avec un bac + 2 validé en informatique.

Itecom Artdesign
Itecom Artdesign 75002 **Paris** 01 58 62 51 51 **Pr Hc** www.itecom-artdesign.com
• Année préparatoire art et multimédia. Coût total: 7 000 euros. Durée: 1 an. Admission: dossier et entretien avec présentation de travaux personnels pour titulaires du bac.
• Développeur et intégrateur web. Coût total: 7 000 euros. Durée: 1 an. Admission: dossier et entretien avec présentation de travaux personnels pour titulaires du bac.
• Infographiste multimédia. Coût total: 7 000 euros. Durée: 1 an. Admission: dossier et entretien avec présentation de travaux personnels pour le titulaire du bac.
• Webdesign. Coût total: 14 000 euros. Durée: 2 ans. Admission: dossier et entretien avec présentation de travaux personnels pour titulaire du bac.

Itecom by MJM
Itecom by MJM 06000 **Nice** 04 93 53 06 60 **Pr Hc** www.itecom-artdesign.com
• Concepteur de supports de communication. Coût total: 12 200 euros. Durée: 2 ans. Admission: entretien, test.
• Développeur et intégrateur web. Coût total: 6 100 euros. Durée: 1 an. Admission: dossier, entretien et test.

Itic
Institut des techniques informatiques et commerciales 75020 **Paris** 01 43 73 20 40 **Pr Hc** www.iticparis.com
• Diplôme européen de communication spécialité stratégies publicitaires et communication numérique. Coût total: 10 980 euros. Durée: 2 ans. Admission: dossier + entretien.
• Diplôme européen d'études supérieures informatiques et réseaux. Coût total: 4 490 euros. Durée: 1 an. Admission: dossier + entretien.
• Diplôme européen d'études supérieures webmaster. Coût total: 4 490 euros. Durée: 1 an. Admission: dossier + entretien.

L'École Multimédia
L'École Multimédia 75003 **Paris** 01 42 78 51 01 **Pr Hc** www.ecole-multimedia.com
• Année de spécialisation webdesign/motion design. Durée: 1 an.
• Année préparatoire art et multimédia. Coût total: 5 880 euros. Durée: 1 an. Admission: dossier et entretien de motivation pour titulaire du bac.
• Année préparatoire communication digitale. Coût total: 5 880 euros. Durée: 1 an. Admission: dossier et entretien de motivation pour titulaire du bac.
• Année préparatoire informatique et multimédia. Durée: 1 an.
• Chef de projet multimédia. Coût total: 12 560 euros. Durée: 3 ans. Admission en 1re année: tests et entretien de motivation pour bac + 1; entrée directe pour les candidats issus de l'année préparatoire communication digitale; en 2e année: tests et entretien pour bac + 2; en 3e année: tests et entretien pour bac + 3 ayant une bonne connaissance des outils de production multimédia.
• Graphiste multimédia. Coût total: 12 560 euros. Durée: 2 ans. Admission en 1re année: concours et entretien de motivation pour bac + 1 en communication visuelle et l'infographie; entrée directe pour les candidats issus de l'année préparatoire art et multimédia; en 2e année: entretien pour bac + 2 (BTS communication visuelle, option multimédia ou DUT réseaux et télécommunications).

Lisaa
L'Institut supérieur des arts appliqués (Lisaa Graphisme, illustration) 75005 **Paris** 01 47 07 17 07 **Pr Sc** www.lisaa.com
• Gestion et conception de site web et création vidéographique. Coût total: 8 420 euros. Durée: 16 mois. Admission: entretien et présentation d'un dossier de travaux pour les titulaires d'un bac + 3 (cycles supérieurs d'écoles d'arts graphiques).

Lycée Colbert
Lycée polyvalent Colbert 59208 **Tourcoing** 03 20 76 12 00 **Public** www.lyceecolbert-tg.org
• Métiers du Web. Durée: 1 an. Admission: bulletins de 1re et de terminale et lettre de motivation pour bac STI2D, STD2A, STMG, S, bac pro SEN ou tout bachelier ayant une approche personnelle et concrète du monde du numérique A.

Lycée Jean Moulin
Lycée polyvalent Jean Moulin 59051 **Roubaix** 03 20 81 99 20 **Public** **lyceejeanmoulin.etab.ac-lille.fr**
• E-business. Durée : 1 an. Admission : dossier, entretien pour bac + 2.

Lycée Saliège
Lycée général et technologique Saliège 31131 **Balma** 05 61 24 78 40 **Pr Sc** **www.saliege.fr**
• Webmestre. Coût total : 2 200 euros. Durée : 1 an. Admission : dossier et entretien pour bac + 2.

Lycée St-Charles-Ste-Croix
Lycée polyvalent Saint-Charles-Sainte-Croix 72000 **Le Mans** 02 43 50 16 70 **Pr Sc** **www.stcharles-stecroix.org**
• Bachelor informatique et réseaux. Coût total : 3 500 euros. Durée : 1 an.
• Diplôme européen d'études supérieures informatique et réseaux. Durée : 1 an.

Lycée Saint-Joseph
Lycée polyvalent privé Saint-Joseph 62280 **Saint-Martin-Boulogne** 03 21 99 06 99 **Pr Sc** **www.st-jo.com**
• Bachelor informatique et réseaux. Durée : 1 an. Admission : dossier et entretien pour un BTS SIO, un BTS SN, un DUT informatique ou une L2 scientifique.

MJM
MJM Graphic Design 75010 **Paris** 01 42 41 88 00 **Pr Hc** **www.mjm-design.com**
• Concepteur de supports de communication. Coût total : 19 680 euros. Durée : 3 ans. Admission : entretien pour les candidats de niveau bac.
• Motion design. Coût total : 6 600 euros. Durée : 1 an. Admission : entretien pour les candidats de niveau bac avec des connaissances en infographie.

MJM
MJM Graphic Design 35000 **Rennes** 02 99 38 26 46 **Pr Hc** **www.mjm-design.com**
• Certificat supérieur de formation professionnelle web design. Coût total : 5 880 euros. Durée : 1 an. Admission : dossier, tests et entretien de motivation.

MJM
MJM Graphic Design 67000 **Strasbourg** 03 88 75 03 75 **Pr Hc** **www.mjm-design.com**
• Concepteur de supports de communication. Coût total : 6 495 euros. Durée : 1 an. Admission : bac ou équivalent, dossier et entretien.
• Motion design. Coût total : 12 990 euros. Durée : 2 ans. Admission : bac ou équivalent, dossier et entretien.

Objectif 3D
École de formation artistique Objectif 3D 34399 **Montpellier** 04 67 15 01 66 **Pr Hc** **www.objectif3d.com**
• Cinéma d'animation 3D. Coût total : 18 300 euros. Durée : 3 ans. Admission : année entretien de motivation pour bac.
• Infographiste webdesigner. Coût total : 6 100 euros. Durée : 1 an. Admission : entretien de motivation pour bac.

Pôle Paris alternance
Pôle Paris alternance 75014 **Paris** 01 44 68 10 07 **Pr Hc** **www.ppa.fr**
• Responsable marketing et communication interactive. Coût total : 17 600 euros. Durée : 3 ans. Admission en 1re année : dossier, tests d'aptitudes générales, QCM d'anglais, entretien de groupe avec bac **A** ; en 2e année : dossier, tests d'aptitudes générales, QCM d'anglais, entretien de groupe avec bac + 1 **A** ; en 3e année : dossier, tests d'aptitudes générales, QCM d'anglais, entretien de groupe avec bac + 2 **A**.

SciencesCom
SciencesCom 44003 **Nantes** 02 40 44 90 00 **Pr Sc** **www.sciencescom.org**
• Diplôme de responsable communication et médias. Coût total : 14 250 euros. Durée : 2 ans. Admission en 1re année ou 2e année : concours **A**.

StudioCréaParis
StudioCréaParis 75004 **Paris** 01 42 71 70 16 **Pr Hc** **www.studiocreaparis.com**
• Web et multimédia. Coût total : 13 800 euros. Durée : 2 ans. Admission : dossier, entretien, book de créations personnelles et tests pour les titulaires d'un bac + 3 dans le domaine artistique.

Sup Career
Sup Career 75019 **Paris** 01 42 40 52 78 **Pr Hc** **www.supcareer.com**
• Bachelor webmarketing et e-commerce. Coût total : 5 900 euros. Durée : 1 an. Admission : dossier, test écrit et entretien pour bac + 2.

Sup2i
Sup2i 38000 **Grenoble** 04 76 86 67 50 **Pr Hc** **www.sup2i.com**
• Concepteur réalisateur web. Coût total : 5 849 euros. Durée : 1 an. Admission : dossier pour bac + 2 validé.

Supcréa
Supcréa 38000 **Grenoble** 04 76 87 74 75 **Pr Hc** **www.supcrea.com**
• Concepteur webdesigner. Coût total : 6 900 euros. Durée : 1 an. Admission : examen et entretien pour bac + 2 dans le domaine des arts plastiques, arts appliqués, communication visuelle, informatique, services et réseaux de communication, ou expérience professionnelle équivalente.

Supinfocom
Supinfocom 13637 **Arles** 04 90 99 46 90 **Consulaire** **www.supinfocom-arles.fr**
• Cycle I réalisateur numérique. Coût total : 20 650 euros. Durée : 3 ans. Admission en 1re année : tests, présentation des travaux personnels, entretien pour bac ; en 3e année : concours pour bac + 2 domaines artistiques et techniques.
• Cycle II réalisateur numérique. Coût total : 15 500 euros. Durée : 2 ans. Admission : tests, entretien pour bac + 3 ; compétences exigées domaines artistiques et techniques : acquisitions des techniques permettant la réalisation d'un projet complet en images de synthèse.

Supinfocom - Rubika
Supinfocom - Rubika - École de formation aux métiers de l'animation 59300 **Aulnoy-lez-Valenciennes** 03 27 513 518 **Pr Sc** **supinfocom.rubika-edu.com**
• Cycle I réalisateur numérique. Coût total : 20 650 euros. Durée : 3 ans. Admission en 1re année : tests, présentation des travaux personnels, entretien pour bac ; en 3e année concours pour bac + 2 domaines artistiques et techniques.
• Cycle II réalisateur numérique. Coût total : 15 500 euros. Durée : 2 ans. Admission : dossier de candidature, tests et entretien pour bac + 3 ; compétences exigées domaines artistiques et techniques : acquisitions des techniques permettant la réalisation d'un projet complet en images de synthèse ; avoir le niveau du 1er cycle.

Vocation graphique
Vocation graphique - École supérieure des arts numériques appliqués 75019 **Paris** 01 42 78 51 01 **Pr Hc** **www.vocationgraphique.com**
• Motion design. Coût total : 6 200 euros. Durée : 1 an.

A : apprentissage proposé
CFA : centre de formation d'apprentis
Pr Hc : privé hors contrat
Pr Sc : privé sous contrat

ÉCOLES D'INGÉNIEURS

Liste des principales écoles orientées numérique, classées selon leur niveau de recrutement. Retrouvez toutes les écoles sur **www.onisep.fr**.

Bac ou équivalent

3iL
Institut d'ingénierie informatique de Limoges 87015 **Limoges** 05 55 31 67 24 Consulaire www.3il-ingenieurs.fr A

Centrale Lille/IG2I
Institut de génie informatique et industriel 62300 **Lens** 03 21 74 85 85 Public www.ig2i.fr

Centrale Lille/Iteem/Skema BS
Institut technologique européen d'entrepreneuriat et de management 59651 **Villeneuve-d'Ascq** 03 20 33 53 91 Public iteem.ec-lille.fr

CPE Lyon
École supérieure de chimie, physique, électronique de Lyon 69616 **Villeurbanne** 04 72 43 17 00 Pr reconnu www.cpe.fr

Ecam Lyon
69321 **Lyon** 04 72 77 06 00 Pr reconnu www.ecam.fr

Ecam Rennes - Louis de Broglie
35091 **Rennes** 02 99 05 84 00 Pr reconnu www.ecam-rennes.fr

Ecam Strasbourg-Europe
67300 **Schiltigheim** 03 90 40 09 63 Pr reconnu www.ecam-strasbourg.eu

ECE
École centrale d'électronique 75725 **Paris** 01 44 39 06 00 Pr reconnu www.ece.fr A

Efrei
École d'ingénieurs des techno. de l'info. et de la communication 94800 **Villejuif** 01 46 77 64 67 Pr reconnu www.efrei.fr

Eigsi La Rochelle
École d'ingénieurs en génie des systèmes industriels 17041 **La Rochelle** 05 46 45 80 05 Pr reconnu www.eigsi.fr

EIL-CO Côte d'Opale
École d'ingénieurs du Littoral Côte d'Opale 62968 **Longuenesse** 03 21 38 85 54 Public www.eilco-ulco.fr

Eisti Cergy et Pau
École internationale des sciences du traitement de l'information 64075 **Pau** 05 59 05 90 90 95011 **Cergy** 01 34 25 10 10 Pr reconnu www.eisti.fr

ENI de Brest
École nationale d'ingénieurs 29238 **Brest** 02 98 05 66 00 Public www.enib.fr

Ensi du Mans
72085 **Le Mans** 02 43 83 35 93 Public ensim.univ-lemans.fr

Ensi Sud Alsace
68093 **Mulhouse** 03 89 33 69 08 Public www.ensisa.uha.fr

Ensiame
Ensi en informatique automatique mécanique énergétique et électronique 59313 **Valenciennes** 03 27 51 12 02 Public www.univ-valenciennes.fr/ensiame A

EPF
École d'ingénieurs généralistes, site de Montpellier 34000 **Montpellier** 04 99 65 41 81 Pr reconnu www.epf.fr

Epita
École pour l'informatique et les techniques avancées 94276 **Le Kremlin-Bicêtre** 01 44 08 01 01 Pr reconnu www.epita.fr

Esaip Angers-Grasse
49180 **Saint-Barthélémy-d'Anjou** 02 41 96 65 10 Pr reconnu www.esaip.org

Eseo
Grande école d'ingénieurs généralistes 49107 **Angers** 02 41 86 67 67 Pr reconnu www.eseo.fr

Esiea Paris et Laval
École d'ingénieurs du monde numérique 53000 **Laval** 02 43 59 24 24 75005 **Paris** 01 55 43 23 23 Pr reconnu www.esiea.fr

Esiee Paris
93162 **Noisy-le-Grand** 01 45 92 65 00 Consulaire www.esiee.fr

Esiee Amiens
80082 **Amiens** 03 22 66 20 00 Pr reconnu www.esiee-amiens.fr

Esigelec
ESI en génie électrique 76801 **Saint-Étienne-du-Rouvray** 02 32 91 58 58 Pr reconnu www.esigelec.fr A

Esigetel
ESI en informatique et génie des télécommunications 94800 **Villejuif** 01 45 15 03 20 Pr reconnu www.esigetel.fr

Esilv
ESI Léonard de Vinci 92400 **Courbevoie** 01 41 16 71 72 Pr reconnu www.esilv.fr

Esirem Dijon
ESI recherche en matériaux et infotronique 21078 **Dijon** 03 80 39 60 09 Public esirem.u-bourgogne.fr

Esiroi La Réunion
ESI La Réunion Océan Indien 97490 **Saint-Denis** 02 62 48 33 05 Public esiroi.univ-reunion.fr

Esstin
École supérieure des sciences et technologies de l'ingénieur de Nancy 54519 **Vandœuvre-lès-Nancy** 03 83 68 50 00 Public www.esstin.univ-lorraine.fr

Grenoble INP - Esisar
Grenoble INP - École nationale supérieure en systèmes avancés et réseaux 26902 **Valence** 04 75 75 94 00 Public esisar.grenoble-inp.fr A

HEI Lille
École des hautes études d'ingénieur 59046 **Lille** 03 28 38 48 58 Pr reconnu www.hei.fr

Icam
31076 **Toulouse** 05 34 50 50 50 A
44470 **Carquefou** 02 40 52 40 52
56000 **Vannes** 02 97 62 11 81 A
59016 **Lille** 03 20 22 61 61
77127 **Lieusaint** 01 49 31 20 00 A
85000 **La Roche-sur-Yon** 02 51 47 70 70 A
Pr reconnu www.icam.fr

INP Toulouse ENI Tarbes
École nationale d'ingénieurs 65016 **Tarbes** 05 62 44 27 00 Public www.enit.fr

Insa Centre Val de Loire
18022 **Bourges** 02 48 48 40 00 Public www.insa-centrevaldeloire.fr A

Insa Lyon
69621 **Villeurbanne** 04 72 43 83 83 Public www.insa-lyon.fr

Insa Rennes
35708 **Rennes** 02 23 23 82 00 Public www.insa-rennes.fr

Insa Rouen
76801 **Saint-Étienne-du-Rouvray** 02 32 95 97 00 Public www.insa-rouen.fr

Insa Strasbourg
67084 **Strasbourg** 03 88 14 47 00 Public www.insa-strasbourg.fr

Insa Toulouse
31077 **Toulouse** 05 61 55 95 13 Public www.insa-toulouse.fr

A : apprentissage proposé
Ecam : école catholique d'arts et métiers
Ensi : École nationale supérieure d'ingénieurs
ESI : École supérieure d'ingénieurs
Icam : institut catholique d'arts et métiers
Insa : Institut national des sciences appliquées

ÉCOLES D'INGÉNIEURS (suite)

ISA BTP Anglet
Institut supérieur aquitain du bâtiment et des travaux publics 64600 **Anglet** 05 59 57 44 37 **Public** isabtp.univ-pau.fr

Isen Brest
29228 **Brest** 02 98 03 84 00 **Pr reconnu** www.isen.fr/brest

Isen Lille
59046 **Lille** 03 20 30 40 50 **Pr reconnu** www.isen.fr

Isen Toulon
83000 **Toulon** 04 94 03 89 50 **Pr reconnu** www.isen.fr/toulon

Isep
Institut supérieur d'électronique de Paris 75006 **Paris** 01 49 54 52 00 ou 43 **Pr reconnu** www.isep.fr A

Isis Castres
École d'ingénieur informatique et systèmes d'information pour la santé 81100 **Castres** 05 63 51 24 01 **Public** www.isis-ingenieur.fr

Istia Angers
Institut des sciences et techniques de l'ingénieur 49000 **Angers** 02 44 68 75 00 **Public** www.istia.univ-angers.fr

Isty
Institut des sciences et techniques des Yvelines 78140 **Vélizy-Villacoublay** 01 39 25 38 50 **Public** www.isty.uvsq.fr A

Polytech Annecy-Chambéry
74944 **Annecy-le-Vieux** 04 50 09 66 00 **Public** www.polytech.univ-savoie.fr

Polytech Clermont-Ferrand
63174 **Aubière** 04 73 40 75 00 **Public** www.polytech-clermont.fr

Polytech Lyon
69622 **Villeurbanne** 04 72 43 27 12 **Public** polytech.univ-lyon1.fr

Polytech Marseille
13288 **Marseille** 04 91 82 85 00 **Public** www.polytech-marseille.fr

Polytech Montpellier
34095 **Montpellier** 04 67 14 31 60 **Public** www.polytech.univ-montp2.fr

Polytech Nantes
44306 **Nantes** 02 40 68 32 00 **Public** www.polytech.univ-nantes.fr

Polytech Nice-Sophia
06410 **Biot** 04 92 96 50 50 **Public** www.polytech.unice.fr

Polytech Orléans
45100 **Orléans** 02 38 41 70 50 **Public** www.polytech-orleans.fr

Polytech Paris-Sud
91405 **Orsay** 01 69 33 86 00 **Public** www.polytech.u-psud.fr

Polytech Paris-UPMC
75252 **Paris** 01 44 27 73 13 **Public** www.polytech.upmc.fr

Polytech Tours
37200 **Tours** 02 47 36 14 14 **Public** www.polytech.univ-tours.fr A

Polytech Grenoble
38041 **Grenoble** 04 76 82 79 02 **Public** www.polytech-grenoble.fr A

Polytech Lille
59655 **Villeneuve-d'Ascq** 03 28 76 73 00 **Public** www.polytech-lille.fr A

Sup Galilée Paris 13
93430 **Villetaneuse** 01 49 40 35 49 **Public** www.sup-galilee.univ-paris13.fr A

Telecom Lille
59653 **Villeneuve-d'Ascq** 03 20 33 55 77 **Public** www.telecom-lille.fr

Telecom Saint-Étienne
42023 **Saint-Étienne** 04 77 91 58 88 **Public** www.telecom-st-etienne.fr

UTBM Belfort
Université de technologie de Belfort-Montbéliard 90010 **Belfort** 03 84 58 30 00 **Public** www.utbm.fr

UTC Compiègne
Université de technologie de Compiègne 60203 **Compiègne** 03 44 23 44 23 **Public** www.utc.fr

UTT Troyes
Université de technologie de Troyes 10004 **Troyes** 03 25 71 76 00 **Public** www.utt.fr A

Bac + 2

3iL Limoges - ITII Midi-Pyrénées
École d'ingénieurs en informatique (3iL-ITII) 12033 **Rodez** 05 65 75 56 65 **Consulaire** www.3ilrodez.fr A

Arts et Métiers ParisTech/ Isty/ESTP/Ingénieurs 2000
77447 **Champs-sur-Marne** 01 60 95 81 32 **Public** www.ingenieurs2000.com A

Bordeaux INP - Enseirb - Matmeca
ENS d'électronique, informatique, télécommunications, mathématiques et mécanique de Bordeaux 33402 **Talence** 05 56 84 65 00 **Public** www.enseirb-matmeca.fr A

Centrale Lille
59651 **Villeneuve-d'Ascq** 03 20 33 53 53 **Public** www.ec-lille.fr

Centrale Lyon
69134 **Écully** 04 72 18 60 00 **Public** www.ec-lyon.fr

Centrale Marseille
13451 **Marseille** 04 91 05 45 45 **Public** www.centrale-marseille.fr

Centrale Paris
92295 **Châtenay-Malabry** 01 41 13 10 00 **Public** www.ecp.fr

École des Ponts ParisTech
77455 **Champs-sur-Marne** 01 64 15 30 00 **Public** www.enpc.fr

École navale
École navale et groupe des écoles du Poulmic 29160 **Lanveoc** 02 98 23 40 11 **Public** www.ecole-navale.fr

EI Cesi de Toulouse
École d'ingénieurs du Centre d'études supérieures industrielles de Toulouse 31670 **Labège** 05 61 00 38 38 **Pr reconnu** www.eicesi.fr A

EI Cnam Alsace
67411 **Illkirch-Graffenstaden** 03 68 85 85 25 **Public** www.cnam-alsace.fr A

EI Cnam Paris
75003 **Paris** 01 40 27 28 51 **Public** eicnam.cnam.fr A

EI Cnam Poitou-Charentes -
86360 **Chasseneuil-du-Poitou** 0820 20 26 26 **Public** www.cnam-poitou-charentes.fr A

EI Cnam Picardie
80025 **Amiens** 03 22 33 65 50 **Public** www.formationcnampicardie.com A

EIDD Paris
École d'ingénieurs Denis Diderot Paris 75205 **Paris** 01 57 27 61 25 **Public** eidd.univ-paris-diderot.fr

EIL-CO Côte d'Opale
École d'ingénieurs du Littoral Côte d'Opale 62968 **Longuenesse** 03 21 38 85 54 62228 **Calais** 03 21 17 10 05 **Public** www.eilco-ulco.fr

Enac Toulouse
École nationale de l'aviation civile 31055 **Toulouse** 05 62 17 40 00 **Public** www.enac.fr

ENI Metz / ITII de Lorrraine
57017 **Metz** 03 87 74 33 65 **Public** www.ITII-lorraine.com A

A : apprentissage proposé
EI Cnam : École d'ingénieurs du Cnam
Isen : Institut supérieur de l'électronique et du numérique

LIBRAIRIE

www.onisep.fr/lalibrairie

RETROUVEZ ET COMMANDEZ LES PUBLICATIONS DE L'ONISEP EN VERSION PAPIER ET AU FORMAT NUMÉRIQUE

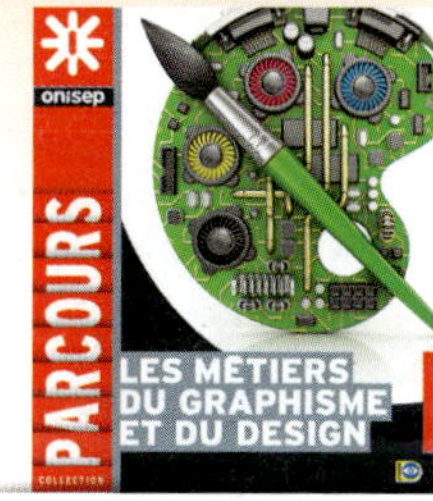

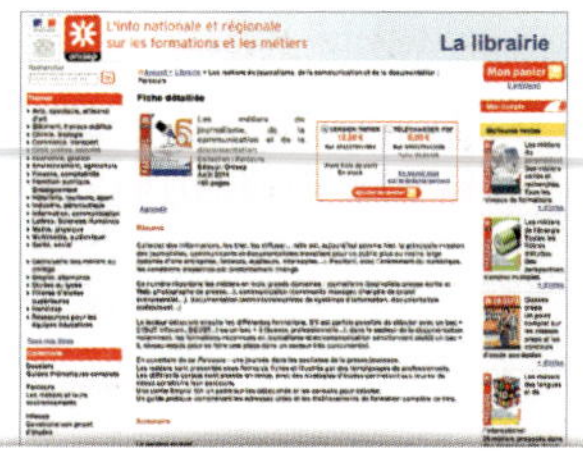

TOUTE L'INFO SUR LES MÉTIERS ET LES FORMATIONS

onisep

Liberté • Égalité • Fraternité
RÉPUBLIQUE FRANÇAISE

MINISTÈRE DE L'ÉDUCATION NATIONALE, DE L'ENSEIGNEMENT SUPÉRIEUR ET DE LA RECHERCHE

ÉCOLES D'INGÉNIEURS (suite)

Ensea
École nationale supérieure de l'électronique et de ses applications cycle ITII 95014 **Cergy** 01 30 73 66 02 **Public**
www.ensea.fr A

Ensi Caen
14050 **Caen** 02 31 45 27 50 **Public**
www.ensicaen.fr

Ensi Limoges
87068 **Limoges** 05 55 42 36 70 **Public**
www.ensil.unilim.fr

Ensibs
Ensi de Bretagne-Sud 56100 **Lorient** 02 97 88 05 59 **Public** www.ensibs.fr

Ensiie
École nationale supérieure d'informatique pour l'industrie et l'entreprise 91025 **Évry** 01 69 36 73 50 **Public** www.ensiie.fr A

ENSMM Besançon
École nationale supérieure de mécanique et des microtechniques 25030 **Besançon** 03 81 40 27 54 **Public** www.ens2m.fr

Enssat Lannion
École nationale supérieure des sciences appliquées et de technologie 22305 **Lannion** 02 96 46 90 00 **Public** www.enssat.fr

Ensta ParisTech
École nationale supérieure de techniques avancées 91120 **Palaiseau** 01 81 87 17 40 **Public** www.ensta-paristech.fr

Esipe Marne-la-Vallée
ESI Paris-Est 77454 **Champs-sur-Marne** 01 60 95 74 21 **Public** esipe.u-pem.fr A

Esipe Formation Imac
Esipe Formation image multimédia audiovisuel et communication 77454 **Champs-sur-Marne** 01 60 95 72 16 **Public**
www.ingenieur-imac.fr

Esir
ESI de Rennes 35042 **Rennes** 02 23 23 66 00 **Public** www.esir.univ-rennes1.fr

Esix Normandie,
Département génie des systèmes industriels et systèmes embarqués 50130 **Cherbourg-Octeville** 02 33 01 42 00 **Public** esix.unicaen.fr

Estia Bidart
École supérieure des technologies industrielles avancées 64210 **Bidart** 05 59 43 84 00 **Consulaire** www.estia.fr

Grenoble INP - Ensimag
École nationale supérieure d'informatique et de mathématiques appliquées 38402 **Saint-Martin-d'Hères** 04 76 82 72 33 **Public** ensimag.grenoble-inp.fr

Grenoble INP - Phelma
École nationale supérieure de physique, électronique, matériaux 38016 **Grenoble** 04 56 52 91 00 **Public**
phelma.grenoble-inp.fr

HEI Campus Centre
École des hautes études d'ingénieurs 36000 **Châteauroux** 02 54 53 52 90 **Pr reconnu** www.hei.fr/campuscentre A

INP Toulouse Enseeiht
ENS d'électrotechnique, électronique, informatique, hydraulique, télécommunications 31071 **Toulouse** 05 34 32 20 00 **Public** www.enseeiht.fr

Isima Clermont-Ferrand
Institut supérieur d'informatique de modélisation et de leurs applications 63173 **Aubière** 04 73 40 50 00 **Public**
www.isima.fr

ITII d'Alsace
68055 **Mulhouse** 03 89 46 89 92 **Pr Sc**
www.itii-alsace.fr A

ITII de Bretagne
22192 **Plérin** 02 96 74 73 13 **Pr reconnu**
www.itiibretagne.fr A

ITII d'Aquitaine
33523 **Bruges** 05 56 57 44 44 **Pr Sc**
www.itii-aquitaine.com A

ITII du Dauphiné-Vivarais
26901 **Valence** 04 75 41 85 54 **Pr Sc**
www.grenoble-inp.fr A

ITII de Franche-Comté
25000 **Besançon** 03 81 41 39 83 **Pr Sc**
www.itii-franche-comte.org A

ITII de la région Centre
45380 **La Chapelle-Saint-Mesmin** 02 38 22 00 88 **Pr Sc** www.itii-centre.fr A

ITII de Lyon
69372 **Lyon** 04 78 77 07 57 **Pr Sc**
www.itii-lyon.fr A

ITII des Deux Savoies
74010 **Annecy** 04 50 09 65 05 **Pr Sc**
www.itii2savoies.com A

ITII Ile-de-France
92202 **Neuilly-sur-Seine** 01 41 92 36 73 **Pr reconnu** www.itii-iledefrance.fr

ITII Paca
13800 **Istres** 04 42 11 44 66 **Pr Sc**
www.itii-paca.com A

ITII Pays de la Loire
44803 **Saint-Herblain** 02 28 03 69 06 **Pr Sc** www.itii-pdl.com A

Mines d'Alès
30319 **Alès** 04 66 78 50 00 **Public**
www.mines-ales.fr

Mines de Nancy
54042 **Nancy** 03 55 66 26 00 **Public**
www.mines-nancy.univ-lorraine.fr

Mines de Nantes
44307 **Nantes** 02 51 85 81 00 **Public**
www.mines-nantes.fr

Mines de Paris ParisTech
75272 **Paris** 01 40 51 90 00 **Public**
www.mines-paristech.fr

Mines de Saint-Étienne
42023 **Saint-Etienne** 04 77 42 01 23 **Public**
www.mines-stetienne.fr

Mines de St-Étienne, cycle Ismin
Cycle ingénieur spécialisé en microélectronique informatique et nouvelles technologies 13541 **Gardanne** 04 42 61 66 25 **Public** www.ismin.fr

SeaTech - Université de Toulon
83957 **La Garde** 04 83 16 66 60 **Public**
www.seatech.fr A

Supelec
35576 **Cesson-Sévigné** 02 99 84 45 00
91192 **Gif-sur-Yvette** 01 69 85 12 12
Pr reconnu www.supelec.fr

Télécom Bretagne
29238 **Brest** 02 29 00 11 11 **Public**
www.telecom-bretagne.eu

Telecom Nancy
54602 **Villers-lès-Nancy** 03 83 68 26 00 **Public** www.telecomnancy.eu

Télécom ParisTech
École nationale supérieure des télécommunications 75634 **Paris** 0 815 855 866 **Public** www.telecom-paristech.fr A

Télécom Physique Strasbourg
67412 **Illkirch-Graffenstaden** 03 68 85 45 10 **Public** www.telecom-physique.fr

Télécom SudParis
91011 **Évry** 01 60 76 42 37 ou 01 60 76 41 11 **Public** www.telecom-sudparis.eu

UPSSITECH
Université Paul Sabatier, sciences, ingénierie et technologie 31062 **Toulouse** 05 61 55 69 27 **Public** upssitech.ups-tlse.fr

A : apprentissage proposé
Ensi : École nationale supérieure d'ingénieurs
ESI : École supérieure d'ingénieurs
ITII : Institut des techniques d'ingénieur de l'industrie
Pr Sc : privé sous contrat

SITES UTILES

Sélection de quelques sites pour vous aider à créer votre propre réseau d'information sur le secteur du Web, selon votre projet et vos centres d'intérêt.

PRESSE SPÉCIALISÉE

www.01net.com
Site de l'hebdomadaire *01 Informatique*. Toute l'actualité sur le secteur de l'informatique : actualité, entreprise, emploi, formations, Internet pratique...

www.archimag.com
Site du mensuel *Archimag* dédié aux professionnels de l'information et de la documentation : actualité, agenda, emploi, veille sur le secteur (droit de l'information, infodoc, technologies, etc.).

www.frenchweb.fr
Magazine d'information destiné aux professionnels d'Internet. Innovation, business, marketing, e-commerce, technologie, design, management... Articles, dossiers, études et chiffres clés, interviews, offres d'emploi et de stage.

www.inaglobal.fr
Revue en ligne de l'Institut national de l'audiovisuel (INA) : informations sur le secteur du numérique et des jeux vidéo (articles, dossiers, notes de lecture, revue de presse, etc.).

www.journaldunet.com
Information quotidienne sur l'actualité économique d'Internet. Rubrique carrière : emploi, rémunération, formation...

www.rslnmag.fr
Site édité par Microsoft France croisant différents points de vue d'experts sur le monde numérique. Plusieurs blogs sont proposés, notamment sur l'économie numérique et l'éducation.

SITES INSTITUTIONNELS

www.entreprises.gouv.fr
Site dépendant du ministère chargé du Numérique. Espace consacré au numérique dans la rubrique secteurs professionnels : actualité du secteur, comité stratégique de la filière.

www.generationcyb.net
Site de ressources des Points Cyb et des animateurs multimédias. Information sur les usages de l'Internet. Rubriques formation-emploi, formation à distance...

www.handi-numerique.com
Site consacré aux métiers du numérique spécifiquement destiné aux personnes en situation de handicap. Fournit des informations sur les métiers du numérique et les formations.

www.metiers.internet.gouv.fr
Portail des métiers d'Internet réalisé par le ministère chargé du Numérique : présentation des métiers de l'Internet et des formations, portraits et témoignages.

www.netpublic.fr
Site de la Délégation aux usages de l'Internet (DUI) qui participe à la promotion et au bon fonctionnement des espaces publics numériques : passeport Internet multimédia, dispositif Emplois d'avenir en espaces publics numériques, etc.

SITES D'ASSOCIATIONS ET DE FÉDÉRATIONS PROFESSIONNELLES

www.adbs.fr
Site de l'ADBS, Association professionnelle de l'information et de la documentation, qui assure la promotion des métiers de l'information et du document. Offres d'emploi, observatoire de l'emploi, référentiel des métiers.

www.afjv.com
Site de l'Agence française pour le jeu vidéo (AFJV) : actualité du jeu vidéo et du multimédia, offres de stage et d'emploi, annuaire des formations, études et rapports sur la pratique du jeu vidéo.

www.designersinteractifs.org
Site de l'association Designers interactifs qui promeut le design interactif et ses métiers : actualité, ressources (annuaire, guide des métiers), emplois et stages.

www.fevad.com
Site de la Fédération du e-commerce et de la vente à distance (Fevad) qui fédère l'ensemble des acteurs du secteur : études et statistiques, emploi, formations, guides pratiques, presse spécialisée, publications, adresses utiles.

www.syntec-numerique.fr
Site du Syntec numérique, syndicat professionnel regroupant les cinq grandes filières du numérique, les ESN et le conseil en technologie, les éditeurs de logiciels, les entreprises du Web. Présentation des métiers du secteur, offres de stage, d'apprentissage... Fiches métiers sur www.passinformatique.com.

RESSOURCES ONISEP

Les outils proposés par l'Onisep pour compléter votre information autour des métiers et des formations du Web.

LES PUBLICATIONS

→ *Les Métiers de l'informatique*, 2014.
Internet, applications mobiles, bases de données, *big data*... dans l'univers du digital, l'informatique et ses professionnels sont partout. Un titre de la collection « Parcours » pour ceux qui veulent comprendre les compétences informatiques à mobiliser.

→ *Les Métiers du journalisme, de la communication et de la documentation*, 2014.
→ *Les Métiers du graphisme et du design*, 2013.
→ *Les Métiers de la gestion, de la comptabilité et des ressources humaines*, 2013.
Trois publications de la collection « Parcours » pour en savoir plus sur certains secteurs fortement touchés par les évolutions digitales.

→ *Classes prépa, 2014.*
→ *Écoles d'ingénieurs*, 2014
→ *Écoles de commerce, 2014.*
Trois publications de la collection « Dossiers » pour approfondir votre information sur les modalités d'accès aux écoles d'ingénieurs et de commerce, et pour creuser l'offre de ces écoles.

Ces documents peuvent être consultés au CDI des collèges et des lycées ou au CIO (centre d'information et d'orientation). Ils sont également en vente sur **www.onisep.fr/lalibrairie**.

LE SITE

onisep.fr

Pour aller plus loin sur les filières de formation évoquées dans cette publication, pour découvrir d'autres métiers du Web et pour compléter votre carnet d'adresses des formations.

LES VIDÉOS

onisep tv

Quelques vidéos à découvrir autour des métiers techniques du Web sur **oniseptv.onisep.fr**.

UN SERVICE

onisep mon orientation en ligne.fr

Vous avez encore des doutes après la lecture de cet ouvrage ? L'Onisep répond personnellement à vos questions. Trois moyens pour nous contacter : par courrier électronique *via* **monorientationenligne.fr** ; par tchat ; par téléphone au 01 77 77 12 25 (appel non surtaxé) ; du lundi au vendredi, de 10 h à 20 h en métropole.

RENCONTRER UN CONSEILLER AU CIO

Pour réfléchir à votre orientation et recevoir une information personnalisée, n'hésitez pas à prendre rendez-vous avec un conseiller d'orientation-psychologue dans le cadre de la permanence assurée dans les lycées publics ou auprès d'un centre d'information et d'orientation (CIO). Liste des 535 CIO sur **www.onisep.fr**.

LEXIQUE

Au fil de votre lecture, vous avez peut-être rencontré des termes techniques que vous ne connaissez pas. Voici quelques définitions.

Admission parallèle: par opposition à l'admission principale, procédure qui permet d'intégrer une grande école (de commerce ou d'ingénieurs), par exemple sans passer par une classe préparatoire.

Application mobile: logiciel (gratuit ou payant) téléchargeable puis utilisable sur un smartphone ou sur une tablette.

Arborescence: représentation de la structure et de l'organisation de l'information et des contenus sur un site web.

Bac ES: économique et social.

Bac L: littéraire.

Bac S: scientifique.

Bac pro SEN: systèmes électroniques numériques.

Bac STI2D: sciences et technologies de l'industrie et du développement durable.

Bac STMG: sciences et technologies du management et de la gestion.

Bachelor: titre délivré par certaines écoles de commerce et d'Internet, de durée (souvent 3 ans après le bac) et de reconnaissance variables.

***Back-office*:** partie du site Internet qui n'est visible que par l'administrateur du site et qui permet de gérer le contenu et les fonctionnalités, par opposition au *front-office*.

Bannière: également appelée bandeau publicitaire. Format historique de la publicité sur Internet.

***Big data*:** littéralement « grosses données ». Ensembles de données très volumineux et de formes différentes (chiffres, textes, images, etc.) qui doivent être traités avec des outils et méthodes spécifiques.

Blog: type de site web sur lequel un internaute tient une chronique personnelle ou consacrée à un sujet.

Bogue: de l'anglais *bug*, « insecte ». Défaut de conception d'un programme informatique entraînant des dysfonctionnements.

BTS: brevet de technicien supérieur.

Buzz: technique marketing consistant à faire du bruit autour d'un produit ou d'un événement sur différents médias.

CDD: contrat à durée déterminée. Il concerne les salariés embauchés pour une période limitée; il peut être renouvelé sous certaines conditions.

CDI: contrat à durée indéterminée. Il concerne les salariés embauchés sans limite de temps et sur un emploi stable.

***Cloud computing*:** littéralement « informatique dans les nuages ». Serveurs distants, en général accessibles par Internet, utilisés pour traiter et stocker des infos. Il permet de sauvegarder des fichiers devenant accessibles depuis différents postes de travail de nature diverse (mobiles, tablettes, PC...).

Conversion: le taux de conversion mesure le rapport entre le nombre de visiteurs ayant réalisé une action recherchée par un site (comme un achat) et le nombre total de visiteurs.

***Coworking*:** type d'organisation du travail impliquant un lieu d'activité partagé entre différents travailleurs. Ce lieu permet une collaboration entre eux sans la rendre obligatoire.

CPGE: classe préparatoire aux grandes écoles.

Cyberattaque: attaque de hackers malintentionnés pénétrant par effraction dans des systèmes ou des réseaux afin de les bloquer ou de voler des données.

Datavisualisation: représentation visuelle de données chiffrées (graphiques, cartographiques, infographiques, etc.) permettant de les rendre plus compréhensibles.

DMA: diplôme des métiers d'art.

DNA: diplôme national d'art.

DNSEP: diplôme national supérieur d'expression plastique.

DSAA: diplôme supérieur d'arts appliqués.

DUT : diplôme universitaire de technologie.

E-commerce : également appelé commerce électronique ou vente en ligne. Échange de biens ou de services *via* Internet.

E-CRM : *Electronic Consumer Relationship Management*. Ensemble des dispositifs mis en place sur Internet pour gérer les relations avec les clients d'une entreprise (e-mail marketing, techniques de personnalisation et de fidélisation en ligne...).

ECTS : *Europan Credits Transfer System*. Système européen d'unités capitalisables facilitant la mobilité des étudiants entre les établissements d'enseignement supérieur européens.

E-réputation : représentation que les internautes se font d'une personne, d'une société ou d'un produit par les informations qu'ils trouvent à son sujet sur Internet.

Ergonomie : science dont le but est d'adapter l'outil de travail (conception de bureau, de chaise, mais aussi de logiciel) à celui qui l'utilise, pour permettre un meilleur confort et donc une meilleure efficacité.

ESN (entreprise de services du numérique) : terme utilisé depuis peu pour désigner les SSII (sociétés de service en ingénierie informatique). Entreprise qui réalise, pour le compte d'une autre entreprise, des prestations de conseils et de services informatiques.

***Free-lance* :** terme anglais pour « travailleur indépendant ». Statut fréquent dans les métiers du Web. Le pro propose ses services pour un projet particulier.

***Front-office* :** partie d'un site Internet ou d'une application accessible à l'utilisateur final (l'internaute), par opposition au *back-office*.

***Geek* :** terme anglais souvent utilisé pour désigner les passionnés d'informatique et/ou d'Internet.

***Goodies* :** Cadeaux publicitaires (produits dérivés de films, de jeux vidéo, de séries télévisées, etc.).

Hackathon : événement qui dure plusieurs jours et réunit des développeurs autour de porteurs de projet pour réaliser de la programmation informatique collaborative et produire un prototype d'application.

Hacker : spécialiste des mécanismes de sécurité informatique, capable de les déjouer. Pirate informatique lorsqu'il pénètre par effraction dans des systèmes ou des réseaux.

Hébergeur de sites : entité mettant à disposition des internautes des sites web conçus et gérés par des tiers.

***Home* :** page d'accueil d'un site web, stratégique puisqu'elle a une fonction de représentation (accueil) et d'orientation.

IEP : institut d'études politiques.

Incubateur : structure qui accompagne des jeunes entreprises et leur propose des services adaptés : hébergement, conseil, financement, expertise...

Interface : jonction entre deux matériels ou logiciels leur permettant d'échanger des informations par l'adoption de règles communes ; module matériel ou logiciel permettant la communication d'un système avec l'extérieur.

Intranet : réseau informatique interne semblable à Internet mais utilisé de façon privée au sein d'une entreprise et non relié directement à Internet.

IUT : institut universitaire de technologie.

Junior-entreprise : terme protégé. Association étudiante au sein d'un établissement d'enseignement supérieur qui propose des prestations commerciales ou marketing à des entreprises.

Label : reconnaissance décernée par l'État ou par un organisme privé qui garantit la qualité d'une école ou d'un diplôme.

Langage : langage formel destiné à décrire l'ensemble des actions consécutives qu'un ordinateur doit exécuter. Java, J2E, Ruby...les langages de programmation sont spécifiques à un secteur ou support donné.

Lien sponsorisé : lien payant permettant l'affichage d'annonces publicitaires dans les résultats de recherche des internautes ou sur des sites tiers.

MANAA : mise à niveau en arts appliqués. 1 année d'études destiné aux bacheliers hors STD2A souhaitant poursuivre en BTS (graphisme, mode, produit, etc.) ou en DMA.

Marketing digital : activité dont l'objectif est d'augmenter le trafic sur des sites déjà en ligne.

Mastère spécialisé (MSc) : terme protégé. Label français instauré par la Conférence des grandes écoles (CGE) concernant des formations de niveau bac + 5 de 1 an ou de 18 mois.

***Motion design* :** permet la production de contenus animés, audiovisuels et interactifs en associant graphisme, typographie, animation 3D, vidéo et son.

Pigiste : travailleur exerçant en indépendant et ponctuellement (à la pige).

PME : petite et moyenne entreprise. Ce terme désigne les structures de 20 à 249 salariés, ayant un chiffre d'affaires annuel de moins de 50 millions d'euros.

Portfolio : dossier constitué par un professionnel pour présenter ses travaux ou promouvoir ses activités.

***Pure player* :** entreprise dont les activités se font exclusivement sur Internet.

Référencement naturel : également appelé *search engine optimization* (SEO). Consiste à améliorer le positionnement de sites Internet sur les moteurs de recherche en adaptant leurs contenus.

Référencement payant : également appelé *search engine advertising* (SEA). Optimise l'audience d'un site Internet ou d'une boutique en ligne au moyen d'annonces publicitaires et de liens sponsorisés.

Réseau : ensemble d'équipements informatiques reliés entre eux, *via* des câbles ou sans (Wi-Fi), pour échanger des informations.

Réseaux sociaux : ensemble de sites Internet permettant de se constituer un réseau d'amis ou de connaissances professionnelles, et fournissant à leurs membres des outils d'interaction.

RNCP : Répertoire national des certifications professionnelles. Renseigne sur le niveau de qualification atteint à la sortie, niveau qui ne correspond pas forcément au nombre d'années d'études suivies.

***Start-up* :** littéralement « société qui démarre ». Désigne une jeune entreprise à forte croissance potentielle.

STS : section de techniciens supérieurs.

Tablette graphique : outil utilisé par les créatifs. Avec un stylet, les professionnels dessinent sur leur tablette comme s'ils dessinaient sur une feuille. Reliée à un ordinateur, cette tablette permet ensuite de traiter numériquement l'image créée.

***Tracking* :** analyse du comportement des visiteurs d'un site Internet (comptabilisation, traçage...) grâce à l'introduction d'outils informatiques.

Trafic : audience d'une page ou d'un site web. Il s'exprime avec différents indicateurs : nombre de visiteurs, de visites, de pages vues...

Tutorat : aide personnalisée, cours de mise à niveau (méthodologie, connaissances...), proposés par des professeurs ou des étudiants plus avancés.

Visa : une école reconnue par l'État peut demander l'autorisation de délivrer un diplôme visé, gage de qualité.

***Wireframe* :** schéma représentant les zones d'un site ou d'une page web. Sorte de maquette.

***Zoning* :** découpage de la page en positionnant les différentes zones qui la composent (navigation, contenus, logo, pied de page, moteur de recherche...).

INDEX

A

B

C

D

E

F

G

I

J

L

M

P

R

S

T

U

V

W

onisep • Office national d'information sur les enseignements et les professions • Ministère de l'Éducation nationale, de l'Enseignement supérieur et de la Recherche • Publication de l'Onisep : © Onisep février 2015 • Directeur de la publication : George Asseraf • Directrice adjointe de la publication : Marie-Claude Gusto • ÉDITIONS CROSS-MÉDIA > Chef de département : Élisabeth Gros • Rédaction en chef : Nelly Burgaleta, Stéphanie Desmond, Claire Lanaspre • Rédaction : Olivia Audemar, Carole Gibrat-Tach, Isabelle Hallgren, Solène L'Hénoret, Nicole Mamigognian, Agnès Millet, Élodie Thivard, Audrey Weymann • Administration éditoriale : Christine Courtois • Secrétariat de rédaction : Clémence Niérat • Correction : Valérie Doineau • RESSOURCES DOCUMENTAIRES > Chef de département : Gilles Foubert • Documentation : Françoise Brouxel • Ingénierie documentaire : Cécile Blanchet, Françoise Brouxel • FABRICATION > Chef de service : Marie-Christine Jugeau • Photogravure : Key Graphic (Paris) • Imprimeur : CORLET imprimeur sur papier certifié PEFC • STUDIO > Chef de service et direction artistique : Bruno Delobelle • Conception graphique, maquette et illustrations : Cyril Lauret • Iconographie : Brigitte Gilles de la Londe • Reportage photo : Grégoire Maisonneuve • Couverture : Cyril Lauret • DIFFUSION ET COMMERCIALISATION > Onisep VPC - 12, mail Barthélemy-Thimonnier, CS 10450 Lognes, 77437 Marne-la-Vallée Cedex 2 • Internet : onisep.fr/lalibrairie • Relations clients : service_clients@onisep.fr • Diffusion-distribution Belin : 27301227 • Code de diffusion Onisep : 901227 • ISSN : code collection 1765-9329 • ISBN papier : 978-2-273-01227-0 • ISBN numérique : 978-2-273-01237-9 • PUBLICITÉ > Mistral Média - 365, rue de Vaugirard - 75015 Paris • Tél. : 01 40 02 99 00 • Contacts : Directeur général : Luc Lehéricy (luc.lehericy@mistralmedia.fr) • Directeur commercial : Vivian Favro (vivian.favro@mistralmedia.fr) • Plan de classement Onisep : INF108000 • Le kiosque : Multimédia • Dépôt légal : février 2015 •

PEFC 10-31-1510